社会は変えられる

世界が憧れる日本へ

江崎禎英 著

国書刊行会

社会は変えられる

——世界が憧れる日本へ

目次

はじめに

先が見えない難しい状況に陥った時、私たちは往々にしてこれまで通りのやり方を押し通そうとするか、「仕方がない」と言って何もしないことを正当化してしまうものです。ところが、一歩引いてより広い視座から全体像を俯瞰《ふかん》できるかどうかで、その後の展開は大きく変わります。対応策が見つからなかった課題でも、違った視点から眺めることで、思いがけないヒントが見つかるものです。

現在、日本の社会保障制度は危機的な状況にあります。年金や医療、介護を支える社会保障財政が厳しいことは、ニュースなどでよく耳にします。なかでも「年金」の問題は、将来自分が受け取るお金の話ですから、不安に感じる人も多いでしょう。しかし、徒《いたずら》に不安がらず皆がちゃんと掛金を払っている限り、年金制度に大きな問題は生じません。

実は、「年金」より遥《はる》かに深刻な問題を抱えているのが、日本の医療を支える「国民皆保険制度」です。誰もが当たり前のように利用している公的医療保険が危機的な状況にあるのです。加えて、2000年にスタートした「介護保険制度」も既に赤信号が点滅しています。今般これらの問題を解決するために、消費税が8%から10%に引き上げられることになりました。ところが、今後国民皆保険制度や介護保険制度を維持するために必要となる金額は、今回の増税分を遥かに上回る規模になるのです。厚生労働省の試算によれば、医療や介護に必要な金額は2025年には今より20兆円以上増加すると見込まれます。

消費税を1%引き上げると税収は約2兆円増えると言われていますので、仮に不足分をすべて消費税増税で賄うとすれば、2025年には消費税率を20%以上に引き上げる必要があります。何年も議論を重ねてようやく10%への引き上げが決定したばかりです。これから10年も経たないうちに消費税を2倍以上に引き上げることは現実的とは思われません。もちろん、不足分を消費税だけでなく保険料の引き上げとセットで行う方法もありますが、家計や企業経営に大きな負担がかかることに変わりありません。

では、もし消費税の増税や保険料の引き上げができなければ何が起きるのでしょう?

答えは簡単です。私たちが使える医療サービスが制限されるのです。具体的には、医療サービスの一部が保険給付の対象から外されることになります。これは世界に冠たる日本の国民皆保険制度の終焉を意味します。実際、医療財政の逼迫《ひっぱく》に直面した欧州諸国では、費用対効果の考え方が導入され、高齢者を中心に利用できる公的医療サービスが少なくなっています。日本でも近い将来、「お金がないために必要な治療を断念せざるを得ない」、「お金がないために愛する人の死を受け入れなければならない」、「お金がないために医者として助けられる命を見捨てなければならない」、そんな厳しい選択を迫られる日が来ることになります。

「そうなる前に制度の見直しをすれば良いではないか」と誰もが思うでしょう。しかしその改革は容易ではありません。改革が難しい理由の一つは、現行の国民皆保険制度があまりにも「関係者に優しい」ことです。手厚い給付制度のお陰で「医者」も「患者」も「家族」も厳しい選択を迫られずに済んでいるのです。その結果、誰もが「何かおかしい」と感じつつも、誰も本格的にこの問題に取り組もうとしません。

日本の国民皆保険制度の下では、患者はほぼ自由に医療機関を選ぶことができ、少ない自己負担で最先端の治療を受けることができます。特に、「高額療養費制度」の導入によって、月額何千万円という高額な医療サービスを受けても、自己負担は月額10万円程度で済みます。しかも所得に応じて自己負担は少なくなり、生活保護を受けている場合は負担額はゼロです。たとえて言うなら、いったん乗船すればいつでも自由に最高の食事や飲み物を楽しむことができ、目的地まで運んでくれる「豪華客船」のようなものです。

また、現行の国民皆保険制度は、医者にとっても「優しい」存在です。医者は、患者の懐具合を心配することなく、必要と思われる治療を何度でも続けることができるのです。2003年から一つの病気の診断・治療に支払われる金額を一定とする「包括医療費支払制度（DPC）」が導入されましたが、最新の治療や高額な治療は従来通り出来高払いのため制約はありません。この結果、日本の医療関係者は「命とコストの比較」という厳しい選択に向き合わなくて済んでいるのです。こうした日本の医療制度は、海外の医者からは驚きと羨望の眼差しで見つめられています。

では、こうした人類の理想とも言える制度の下で高齢者に対してどのような医療サービスが提供され、高齢者はどれほど幸せになっているのでしょうか。日々高齢者と向き合っている医療関係者の方々に話を伺うと、医療現場ではとにかく患者を「死なせない」ことが第一の命題になっているそうです。若い患者であろうと高齢の患者であろうと一分一秒でも長く生かすためにあらゆる努力が払われます。しかし、高齢者に対する救命措置や大掛かりな手術は、患者本人にとって極めて過酷なものになります。仮に救命措置によって一命が取り留められたとしても、身体には重い負担が残り、後にはつらく苦しい時間が待っています。本来であれば穏やかに最期を迎えられたかもしれない患者に大きな苦痛を与え、家族や親しい人たちと最後の別れを告げる貴重な時間を奪ってしまっているかもしれません。しかも、そうした治療のために膨大な医療資源が使われているのです。

もちろん、こうした医療に疑問を持つ医者も少なくありません。しかし、患者や家族から求められれば医者は治療を拒否するわけにはいきません。断われば訴えられる危険があるというのです。多くの若い医者たちは、「自分はこんなことをするために医者になったのだろうか」と悩みつつ、疲れた体にムチ打ちながら患者の対応に当たっているのです。現実には、患者本人や長く看護をしてきた家族が穏やかな最期を望んでも、たまにしか見舞いに来ない親族が治療の継続を求めるケースも少なくないようです。

患者の命を救うという高邁な取り組みがいつの間にか「義務」や「権利」に置き代わり、医者も患者も家族もがんじがらめになっています。患者や家族は「先生、なんとかしてください」と医者に丸投げし、医者も「手を尽くしました」というアリバイのような医療に疲弊しているのです。
　皮肉なことにその状況を可能にしているのは、他ならぬ日本の国民皆保険制度なのです。しかしこのままでは、豪華客船ともいえる国民皆保険制度は遠からず沈没するでしょう。その結果、本来救えるはずの命を金銭的な理由で見捨てなければならないという最も悲惨な形で制度の終焉を迎えることになるのです。

　今日の社会保障制度の状況は、太平洋戦争の末期に似ています。一説には、一つの予算費目が国家予算の3割を超えると、社会は破たんに向かうと言われています。歴史的には太平洋戦争が始まる段階における軍事費がそうでした。今、社会保障関連予算は国家予算の3割を超えています。しかも、国の政策を実施するための予算である「一般歳出」における社会保障関係費の割合は50％を超えているのです。また、自治体への交付金の多くが社会保障関連の事業に使われています。さらに、私たちや企業が毎月支払っている社会保障費は、「後期高齢者支援金」という名目で半分近くが高齢者の医療費に回されています。足りなくなったお金を見えない所から回し、辻褄を合わせているのです。

ちなみに、太平洋戦争で最も無謀な戦いとされるインパール作戦は、誰もが無茶だと思いながらも「もうやめませんか」の一言が言えなかったために、部隊が壊滅的な状態になるまで継続されました。戦後行われたインタビューでは、作戦を止められる立場にあったビルマ方面軍の河辺正三司令官は、「この作戦を始めた牟田口（廉也）中将がやめようと言い出さない以上、こちらからやめろというわけにはいかなかった」と言い、責任者である牟田口中将は「私の顔色を見て察してほしかった」と証言しています。作戦変更の決断ができないために、9万人に上る将兵が地獄の苦しみを味わい、何の戦果も挙げることなく3万もの尊い命が失われたのです。その一人ひとりに、祈る思いで帰りを待ち続ける家族がいたことを忘れてはいけません。

インパール作戦に関わった将校たちは皆、与えられた任務をただ黙々と果たしたのです。ある者は与えられた任務が正しいと信じ、ある者は何かおかしいと感じつつも「それを指摘するのは自分の役割ではない」と言いながら。最前線に立つ何人かの司令官は撤退を進言しましたが、彼らが更迭されただけで作戦は継続されました。そして破たんが訪れた時、関係者は皆「あの時は仕方がなかった」、「自分は与えられた任務を精一杯果たしただけだ」と口を揃えました。その言い訳の下でどれほど多くの人たちが犠牲になったことでしょう。指揮を執る立場にあった者も「自分は頑張った」、「あの時は仕方がなかったのだ」と自分や周りに言い聞かせるのです。太平洋戦争の最終段階では、広島、長崎に原爆が落とされソ連が侵攻してもなお、戦争継続を叫ぶ将校が沢山いたことを忘れてはいけません。

重厚な組織や体制ほど、行き着く所まで行かないと方向転換できないものです。個々の当事者は問題を認識していても、自らリスクを負って変えようとするには余りに問題が大き過ぎると感じ、無理だと諦《あきら》めてしまうのです。人は、社会全体が将来直面するであろう大きなリスクを回避することより、今、自分に降りかかる目の前の小さなリスクの回避を優先するものです。一人の頭で考えればすぐに出せる「当たり前」の結論が、大きな組織で時間をかけて議論すると、逆の結論になることも少なくありません。

また、人は大きな危機が迫っていても、「目の前の課題に一所懸命に取り組んでいればきっとなんとかなるだろう」と信じたくなるものです。しかし、時代が大きく変わる時、往々にしてそれは幻想に過ぎません。「時代の転換期にあっても、同時代を生きる者には日常である」と言われるように、「敗戦」というそれまで営々と積み上げて来たものがすべて瓦解するその日まで、人々はこれまでの地位が明日も続くと信じていました。頑張っていればいつか戦争に勝てると信じて。しかし、時代の転換期においては、現在の延長線上に未来があるのではありません。勇気を持って舵《かじ》を切ることが必要なのです。

さらに、人は苦しくなると「思いもよらない奇跡が起こる」と信じたくなるものです。そうして〝前向きに〟逃げようとします。「想像もしなかったような新技術が開発され、問題を解決してくれる」と期待する、いわゆる「イノベーション・シンドローム」です。このことは社会保障の分野でも同じです。研究開発やゲノム解析、ＩＴ化といった一見前向きな活動に逃げ込みたくなるのです。しかし、根本的な問題に踏み込まない限り、単なる問題の先送りにすぎません。「イノベーション」とは、新たな技術を開発することではなく、「常識を変える」ことです。革新的な技術の開発は、そのきっかけに過ぎません。これまでの「常識」から一歩踏み出したところに、新たな解決策が見つかるのです。

物事に行き詰まった時、一歩引いてより広い視座から全体像を俯瞰できるかどうかで、その後の展開は大きく変わります。「傍目八目《おかめはちもく》」という言葉があるように、少し離れた所から全体像を見れば、豪華客船は推進力を失い、危機的な状況にあることが分かります。

しかし、船の中にいる人には、多少船足が遅くなっていることは感じられても、船全体がどうなっているのかは分かりません。英国の歴史学者アーノルド・トインビーは、「人は歴史に学ばない生き物である」と言いました。しかし、私たちはまだ未来を選べる状況にあります。一度くらいは歴史に学んでも良いのではないでしょうか。まだ間に合います。

現在私たちは、かつて経験したことのないほど大きな社会構造の転換期を迎えています。ただし、これは決して誰かが悪いのではなく、単に環境が変化しただけです。しかもこの変化は案外悪いものではないかもしれません。今為すべきは、これまでのしがらみや立場を超えて、時代の転換期にあるこの国の在り方を考えることです。

現状を変える取り組みには必ず抵抗勢力が出てきます。しかし、抵抗をしている人たちも決して今のままで良いとは思っていないものです。全体像が見えないまま「あなただけ犠牲を払ってください」と言われれば、誰もが抵抗するでしょう。もし、「課題を乗り越えた先に素晴らしい未来がある」と分かれば、困難な課題も乗り越えることができます。その際、皆で協力して取り組むことができれば、痛みやコストは最小限に抑えることができます。最も危うい対応は、一部の人だけが情報を握って中途半端に問題を先送りすることなのです。

次の世代のために何を為すべきか。実は誰もが心の中では分かっています。ただ、多くの関係者が集まって議論すると、かえって問題の本質がぼやけてしまうことがあります。そこで、一人の部外者の視点から社会保障制度に対する課題の整理と取り組むべき方向性について論じてみたいと思います。つまり、危機的な状況にある豪華客船を、近くにある丘の上から観察し、今何が起きているのか、どうすれば良いのかについて、私個人の責任において取り組むべき政策とその先にある社会の姿を描いてみます。

これを読んで、少しでも「そうかもしれない」と思っていただければ望外の喜びです。「いや、それは違う、むしろこうすべきだ！」という意見でも大いに結構です。大切なのは、その意見を具体的な行動に移すことです。「知って行わざるは知らざるに同じ」です。残念ながら今のままでは船が沈むことだけは間違いありません。次の世代のために、まず私たちから始めませんか。この日本を、世界が憧れる素晴らしい国として次の世代に引き継ぐこと。これは時代の転換期に舵を取ることを許された私たちの責務です。これからの具体的行動こそが、縁あってこの時代に生を受けた私たちの存在を歴史の中に輝かせることになるのです。

© 田川秀樹

第一章　問題の本質を問い直す

1　私たちは何を間違えているのか――高齢化は対策すべき課題なのか

日本は今、世界に類を見ない高いレベルで高齢化が進んでいます。このため経済学者などからは、「医療・介護をはじめとする社会保障費が財政を圧迫し、労働力の減少や購買力の低下などによって経済活力も失われる」と警鐘が鳴らされています。最近では未来を予測した内容の書物も出版され人々の関心を集めています。これらの主張に共通するのは、

「超高齢社会に突入した日本はこれからさらに高齢化が進む。今後高齢者が急増し国民の3割近くが高齢者という歪《いびつ》な社会がやってくる」というものです。高齢化問題を扱う記事や論文の大半がこうした論調で書かれています。また、その一方では、「高齢化の進展はむしろチャンスだ」といった勇ましい議論も散見されます。

しかし、高齢化の是非を離れて別の角度から数字を眺めてみると、少し違った姿が見えてきます。国連などの基準によれば、人口全体に占める65歳以上の高齢者の割合（高齢化率）が7％を超えると「高齢化社会」、14％を超えると「高齢社会」と定められており、21％を超えると「超高齢社会」と呼ばれます。7の倍数が基準となっています。ちなみに日本の高齢化率は2018年9月時点で28・1％ですから、既に28％を上回り「超高齢社会」をも超えて高齢化が進んでいるのです。

高齢者は増加しない

世界最高水準にある日本の高齢化率が今後さらに高まるのは事実ですが、決して高齢者が急増するからではありません。日本の年齢別人口構成を逆さに積んでみれば一目瞭然です【グラフ①】。人口構造を表すグラフは通常若年層から順に積み上げます。しかし同じグ

【日本の将来人口推計】

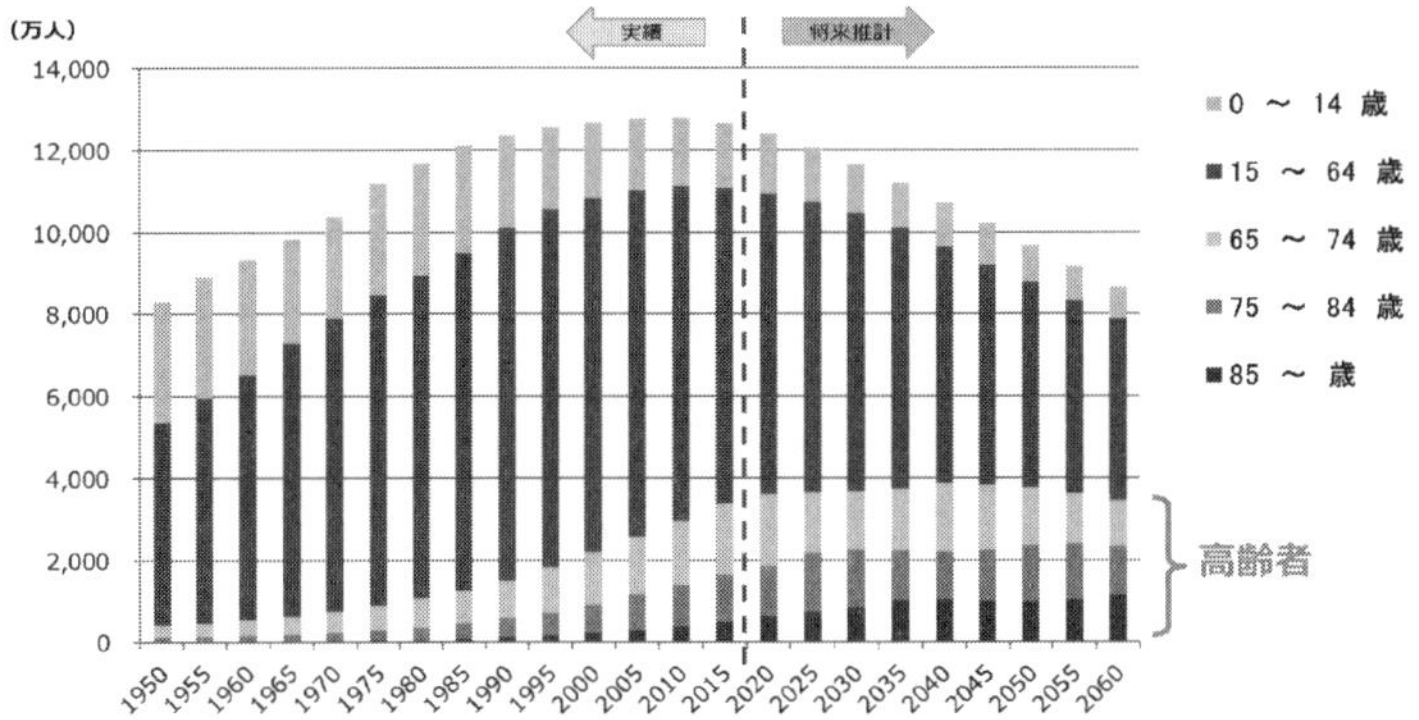

（資料）国立社会保障・人口問題研究所「日本の将来推計人口（平成24年1月推計）」、総務省「人口推計」から作成

グラフ①

ラフを高齢者から順に積み上げると、65歳以上の高齢者の数は今後それほど増えないことが分かります。高齢化率が今後さらに高まる原因は若い世代の減少なのです。

　このように説明すると少子化対策や外国人労働者の受け入れによって高齢化の進展は止められると考えたくなります。しかし、これらの取り組みで高齢化に対処できると考えるのは早計です。少子化対策は重要な政策ですが、高齢化率を引き下げるという点で即効性はありません。2017年における日本の合計特殊出生率（一人の女性が生涯に産む子供の数）は1・43人ですが、仮にこの出生率が、明日から突然第一次ベビーブーム並みの4人まで上昇したとしても、人口減少に歯止めが掛かるまでには数十年かかります。なぜなら、出生率が大幅に上昇しても、子どもを産める女性の数が急速に減少するため、効果が相殺されてしまうからです。出生率が明日から突然4人になることは現実的ではありませんので、高齢化率が高い状態は今後相当長く続くと考えるべきでしょう。

それなら、足りない労働力を補うために、外国人労働者を受け入れようとの意見もあるでしょう。しかし、これは一時しのぎの対応でしかなく、将来に大きな課題を残すことになります。外国人労働者は、決して労働力を供給してくれるだけの存在ではありません。日本で長く生活すれば、結婚もし、子どもも産まれ、病気にもなり、歳もとります。これらすべてを支える社会資本を整備するには相当なコストがかかります。受け入れた外国人労働者が高齢化する段階では、社会保障の問題はより厳しい形で立ちはだかってきます。

このことは、過去に受け入れた外国人との共生に苦しむドイツ、フランスや、人道支援を標榜して始まったEUの難民受け入れ政策が、早々に頓挫したことを見れば明らかです。過去の歴史が教えるように、人口構造を人為的に操作することは、社会コストを拡大するだけでなく、将来世代に大きな負担を残すことになるのです。

少子化対策も外国人労働者の受け入れも有効な解決策にならないとすれば、私たちはどうしたら良いのか。やや八方塞がりの空気のなかで、最近少しずつ聞かれるようになったのが「死生観」の議論です。高齢者に自ら社会的な負担を減らすべく高額な医療の利用を遠慮してもらおうというものです。これでは「姥捨《うば》て山」の議論となんら変わりません。平和と豊かさを実現し、健康長寿を手にした結果が姥捨て山とは寂しい限りです。

「高齢化対策」の問題点

ここで一歩視点を引いて問題を捉え直してみましょう。「高齢化対策」という言葉は、これまで政府でもマスコミでも当たり前のように使われてきました。しかし、「高齢化」は本当に「対策」されるべき事柄なのでしょうか。「高齢化対策」という言葉には、暗に「長生きが悪い」というメッセージが込められているように感じます。この言葉によってどれだけ多くのお年寄りの方々が肩身の狭い思いをされていることでしょう。

では、そもそも私たち人類はどこまで「長生き」するものなのでしょうか？ 最近の研究によれば、ヒトの生物学的な寿命は約120年だそうです。私たちの体を構成する細胞は、一つの受精卵から始まり細胞分裂を繰り返しながら体を形成していきます。体の設計図であるＤＮＡには、「テロメア」という回数券のようなものが付いており、細胞が分裂する毎に少しずつ短くなることが発見されました。テロメアが無くなると細胞はそれ以上分裂できなくなり、その生命体は死を迎えます。生物学的な寿命です。ヒトはテロメアをすべて使い切るまで細胞が分裂すると、その期間はほぼ１２０年になるのだそうです。

もし、誰もが１２０年という生物学的な寿命を全うし、人口が安定した社会をイメージすると、65歳以上の高齢者の割合を示す高齢化率は理論的には約46％になります。人口が常に膨張し続ける人口爆発を是としない限り、長寿を実現した社会は必ず高齢化します。つまり、誰もが健康長寿を願い、経済の豊かさと医療技術の発達によってそれが可能になれば、社会は必ず高齢化するのです。日本をはじめとする先進諸国は、人類が求め続けた正しい道程を歩んでいるだけなのです。日本が世界で最初に突入した「超高齢社会」は、人類が求める「理想」に最も近い姿なのです。

「高齢化対策」を求める背景

では、なぜ私たちは「高齢化」を「対策」すべきと感じるのでしょう？　日本の場合、その背景に「１９８０年代へのノスタルジー」があるのではないでしょうか。当時日本は「ジャパン・アズ・ナンバー1」と言われるほど強い経済力を持ち、バブル経済に沸き立ち国民も企業も豊かさを享受していました。その後、バブル崩壊と共に長期のデフレ経済が続いたため、2012年末からの景気拡大局面が「いざなぎ景気」を超えたと言われてもピンときません。どうしてもかつて経験した活力ある経済を欲してしまうのです。

現行の社会保障制度は、1960年代から80年代にかけて整備されています。この頃の人口構造を見ると、65歳以上の高齢者は1割未満で、15歳から64歳までの働く世代の人口が圧倒的多数を占めていました。つまり、人口構造からも経済状況からも、世界で最も手厚い社会福祉サービスを提供することが可能だったのです。当時の人口構造や経済状態が「正しい」との前提を置けば、超高齢社会は確かに「歪《いびつ》な社会」なのかもしれません。

実際、これまでの政策を振り返ってみると、経済・社会活動をバブル当時の状況に戻したいとの思いが透けて見えます。バブル経済の崩壊後、経済政策においては、足りない需要を補うため、「景気対策」として毎年のように補正予算を組み続けています。社会保障の分野においても、人口構造や社会構造が大きく変化しているにもかかわらず、豊かな時代に作った社会保障制度を維持するために、身の丈以上にお金を注ぎ込んできたのです。こうした対応こそが結果的に国家財政を圧迫する原因になっているのです。

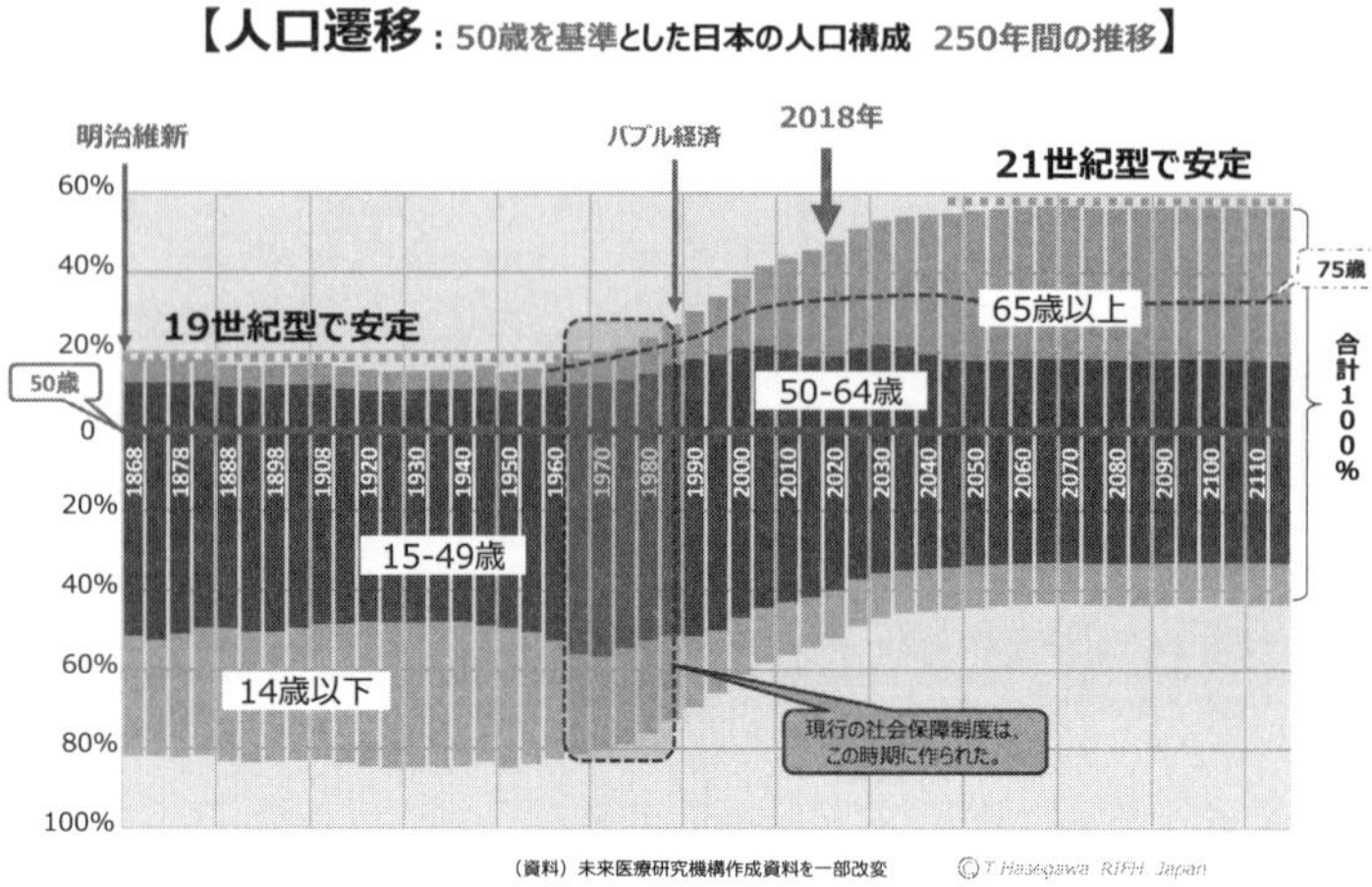

グラフ②

今、私たちはどこにいるのか

ここで歴史的視点から私たちは今どのような位置にいるのかを考えてみましょう。２０１８年は明治維新から１５０年です。これまでの１５０年とこれからの１００年という長期スパンで社会構造を比較すると興味深い事実が見えてきます。実際の人口は時代の状況に応じて変動しますので、社会の成り立ちを見るために年齢層別の割合を見てみましょう。グラフ②は一般財団法人未来医療研究機構が行った調査研究の結果です。子育てが終わるとされる50歳を基準に、人口の構成がどのように変化するかを示しています。

１９６０年頃までは、若い世代・働く

世代を中心に社会が構成されてきました。これを仮に19世紀型の安定社会と呼びましょう。それが今後は、65歳以上の高齢者が一定割合で安定的に存在する社会が続くのです。これを仮に21世紀型の安定社会と呼びましょう。このグラフを過去と未来に向かって伸ばしてみると19世紀型と21世紀型がそれぞれ左右にずっと続くと思われます。つまり、私たちは今、1000年に一度とも言える社会構造の大転換期に生きているのです。長期スパンで見れば「歪《いびつ》な社会」は、むしろ今なのかもしれません。

このグラフで見ると、現行の社会保障制度は人口構造上最も有利な時期に作られたことが分かります。しかも世界一の経済力を謳歌した時代です。こうした社会環境を前提にした制度が21世紀型の安定社会でうまく回らないのは当然でしょう。したがって私たちが為すべきは、過去の恵まれた条件に合わせて無理な制度運営を行うことではなく、21世紀型の安定社会に相応《ふさわ》しい経済社会の仕組みや制度を作ることなのです。その際、21世紀型の社会こそ、誰もが健康長寿を実現した望ましい姿だということを忘れてはいけません。

最近では、日本老年学会が、高齢者の定義を65歳以上から75歳以上に引き上げるよう提案しています。仮に75歳以上を高齢者としてグラフ②を見てみると、21世紀型の社会が安定感のある構造に見えてこないでしょうか。

しかし、人は一度贅沢《ぜいたく》を経験してしまうと、過去の状態にはなかなか戻れないものです。例えば、ウォシュレットに慣れてしまった人は、昔の汲み取り式便所の生活に戻ることには大きな抵抗を感じるでしょう。こうしたヒステリシス効果*によって、社会保障の各種サービスも常に高止まりになる傾向があります。それを元に戻そうとしても実効が上がりません。一度国民が享受した便益を減らすことは政治的にも大変難しいものです。

だからと言って、高齢者に対して「医療財政が厳しくなったから治療を諦めてください」などという残酷な選択を迫る前に何か打つ手はないのでしょうか。これを考えるために、さらに視点を引いて考えてみましょう。

「超高齢者」は太古の昔から存在した

実は、ヒトの寿命が120年であることは、科学が発達するずっと以前から人々に認識されてきました。西洋では、『旧約聖書』に、神が人間の寿命を120年に定めたと記されています（「わたしの霊はながく人の中にとどまらない。彼は肉にすぎないのだ。しかし、彼の年は百二十年であろう」創世記第6章）。東洋では、60歳の誕生日を「還暦」として祝う風習があります。還暦とは暦が1周したという意味です。暦が2周する120年には、「大還暦」という名前が付けられています。洋の東西を問わず、120年という数字が出てくるのは偶然とは思えません。つまり、旧約聖書が書かれ、「還暦」という言葉が作られた何千年前にも120歳まで生きた人はいて、同時に120歳を超えて生きた人はいなかったということでしょう。これは先に述べた生物学的な寿命と符合します。

医学がほとんど発達していなかった昔でも、生物学的な限界まで生きた人はいたのです。ワクチンもペニシリンもなかった当時、彼らにできたことと言えば、食べることと運動、そして信仰くらいでしょう。言い換えれば、そうした要素が整うだけで、ヒトは120年生きられるのだということです。もちろん近代に至るまで圧倒的多数は、栄養不足（飢餓）、感染症（不衛生な環境）、ストレス（争い事、戦争）などによって、もっと早くに死んでいたのでしょうが、そんな時代にも90歳を超える「超高齢者」は存在したのです。

＊ヒステリシス効果
物理学で、ある系の状態が現在加えられている力だけでなく、過去に加わった力に依存して変化すること。そこから派生して、経済の状態が一度変化した後、元の状態に戻った際に、必ずしもすべてが元通りにはならないことを意味する。履歴現象、履歴効果とも呼ばれる。

今日、経済の発展と医療技術の発達によって、かつて人々を早期に死に至らしめた多くの障害が取り除かれました。本来であれば誰もが健康長寿を謳歌できているはずなのですが、実際には「食べ過ぎ（バランスの悪い過剰な栄養）」と「運動不足」、そして現代社会特有の「ストレス」という新たな障害を自ら作り出して健康を害しています。実際どのような病気で医療機関を受診したかを示す医科診療費を見ると、その半分以上が生活習慣病や老化に起因する疾患なのです。つまり、今私たちが健康を害している主な原因は、かつてのような、飢餓、感染症、戦争といった個人の力ではいかんともし難い不可抗力ではなく、自分自身の行動に由来するものなのです。このことに気づけば、私たちが進むべき方向、採るべき政策が見えてきます。

2　何を守り、何を変えるべきか——日本の国民皆保険は奇跡の制度

拡大の一途を辿っている国民医療費ですが、その増加要因を見ると、高齢化より医療の高度化に伴うコスト増の方が大きくなっています。「医療が高度化しているのだから治療にお金がかかるのは当然だ」と専門家は言います。しかし本当でしょうか。仮に、医療の

高度化によって費用が高くなるのなら、それに見合うだけの効果があったのでしょうか。その高度な医療によって患者はどれほど幸せになったのでしょうか。

先に述べた通り、日本の国民皆保険制度は人類の理想を実現したものです。高額療養費制度の導入によって、誰もがさほど医療費を気にすることなく、いつでも自由に希望する医療機関を受診でき、その時代の最高の医療サービスを生涯にわたって受け続けられます。2016年には、1人の患者に支払われる1カ月当たりの医療費が1億円を超えるケースが複数ありました。それでも高額療養費制度のお陰で、患者本人の自己負担額は月額10万円前後です。もしこれらの患者が日本以外で生まれていたら、大富豪の親戚になるような「奇跡」でもない限り、これほど高額な治療を受け続けることはできません。日本の国民皆保険制度は、すべての国民にこうした「奇跡」を提供しているのです。ところが、今の日本社会ではそのような「奇跡」が「当たり前」と受け取られているのです。

高度な医療は高齢者をどれほど幸せにしたのか

では、こうした「奇跡」のような医療環境が、患者をどれほど幸せにしたのでしょうか。患者の幸福度を直接測ることは容易ではありませんので、まずは、40兆円を超える国民医

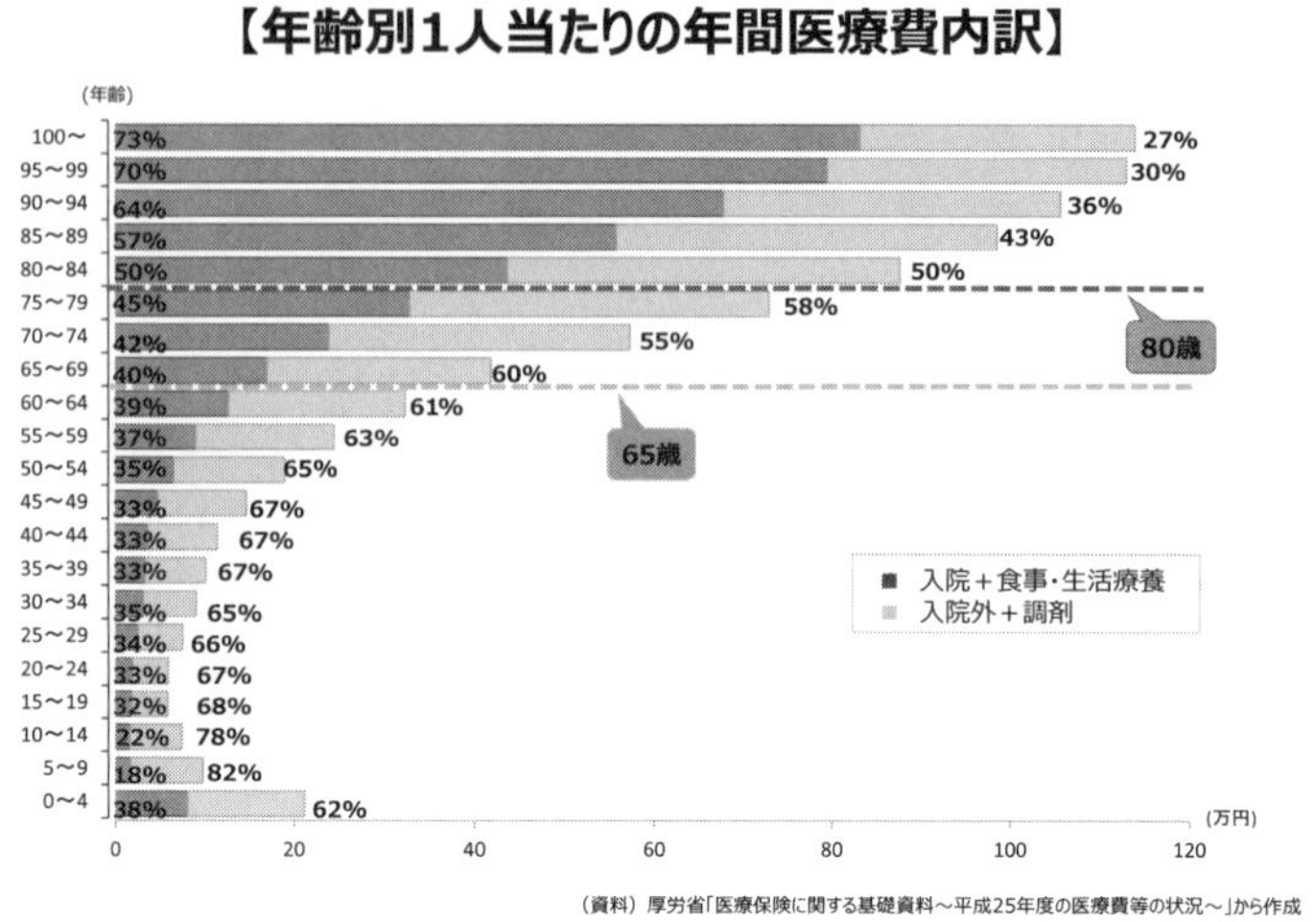

グラフ③

療費がどのようなタイミングで使われているかを見てみましょう。グラフを一目見れば分かりますが、一人当たりの医療費は高齢者になると急激に増加します【グラフ③】。しかも人生の最期に近づくほど大きな医療費を使っているのです。大学病院クラスの医療機関では、「搬送される高齢の患者の多くは、人生最期の3日間で生涯医療費の30%を使っている」という話も聞かれます。

しかし、こうした医療サービスによって高齢の患者のQOL（生活の質）が高まっているという話はほとんど聞きません。国民皆保険制度が実現する恵まれた医療環境によってあらゆる治療が可能になった結果、「手を尽くしました」というアリバイ作りのような医療のために、膨大な費用と医療関係者のエネルギーが注ぎ込まれているのです。

　このような高齢者医療が問題なのは、医療コストの多寡より、誰もが迎える「死」を私たちの日常から遠ざけてしまったことです。昔のように家族・親戚一同が集まり、最期を迎えつつあるおじいちゃん、おばあちゃんを囲んで看取るといったケースは、今では極めて珍しくなりました。「延命治療」という名の下に「死」は日常から切り離され、病院のベッドへと隔離されました。家族や友人は患者が苦しみ衰弱する姿だけを見せられ、ほとんどの人が最期の別れを告げる機会も与えられず、亡くなった後での対面となるのです。私たちにとって「死」はどんどん非日常になり、怖いもの、忌むべきものになりました。その結果、一分一秒でも長く死を遠ざけるための治療を求めることにつながっているとすれば、医療関係者の努力はどこで報われるのでしょうか。

　先に述べたように、制度的な行き詰まりを反映して、最近では「死生観」の議論が散見されるようになりました。先日読んだ「高齢社会」をテーマにした書籍の中には、本当に「姥捨て山」の言葉が載っていました。私たちの生活から死を遠ざけ、死は恐ろしいもの忌み嫌うべきものと刷り込んでおきながら、今さら「死生観」もないのではと思います。人生を生き切った満足感を持たない者に、社会のために自ら死を受け入れろと求めるのは、太平洋戦争における「特攻隊」と同じです。「死生観」は死に方の問題ではありません。

注意しなければならないのは、制度がうまく回らなくなったからといって、制度の利用者に自粛を求めたり、制度そのものを否定するような極端な議論に走ってしまうことです。どんな制度もそれを整備する際には合理的な理由があったはずです。安易に「死生観」に逃げ込んだり、制度の抜本改正を叫ぶのではなく、護るべきものと変えるべきものを冷静に見極めることが必要です。

3 私たちは何に対応しなければならないのか――疾患の性質変化を踏まえて

つい最近まで人類を苦しめてきた病気は感染症でした。国内でも戦前から戦後にかけて死に至る病の筆頭は結核でした。感染症は体の外から侵入した異物（細菌やウイルスなどの病原微生物）によってひき起こされます。そのため原因となる微生物を特定し、これを排除できれば病気は完治します。かつてよく言われたように「原因が分かれば半分治ったようなもの」なのです。実際、感染症の治療薬は極めて効果が高く、治療満足度も高くなっています。感染症は老若男女、裕福な人も貧しい人も等しく罹患するリスクがあります。

【主な死因別に見た死亡率の年次推移】

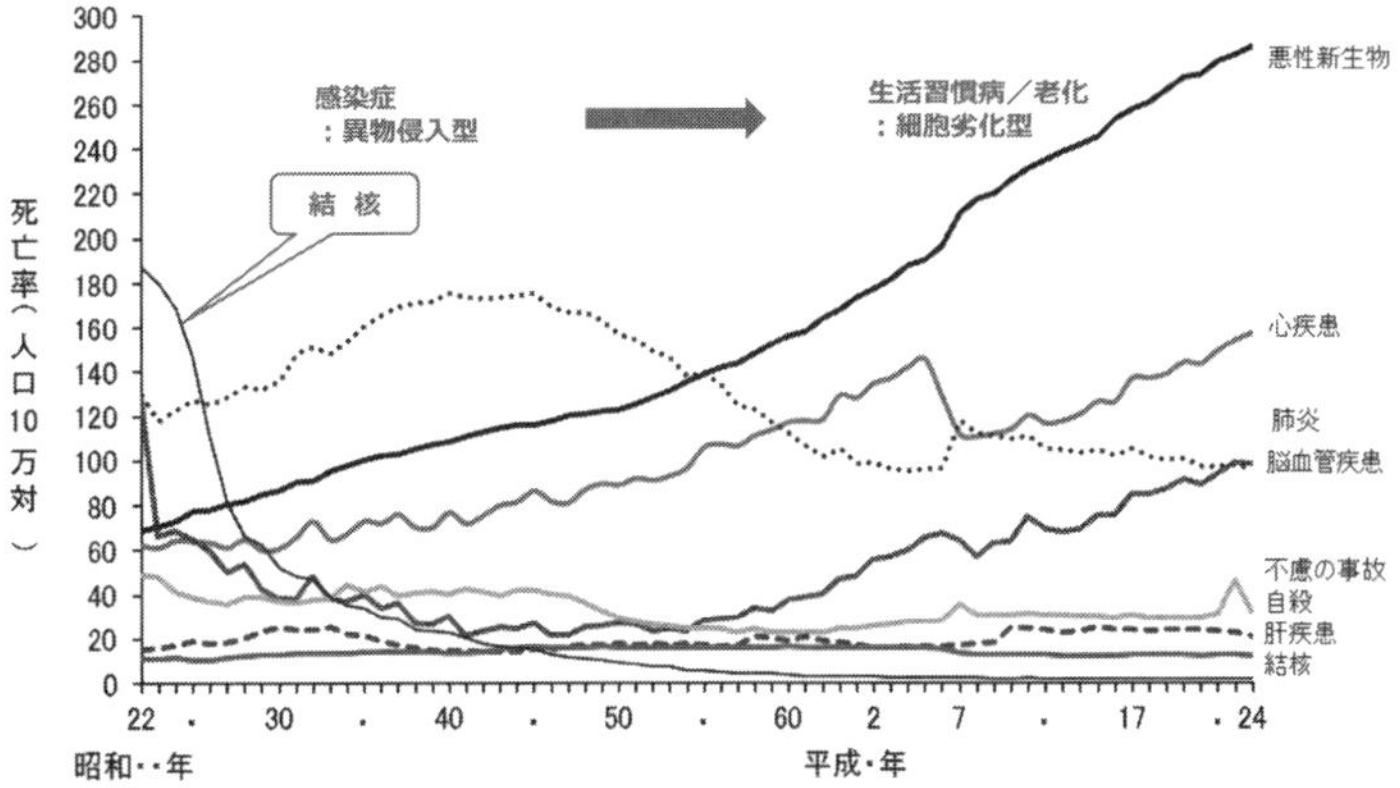

（資料）厚生労働省　平成24年 人口動態統計月報年計(概数)の概況

グラフ④

皆でリスクをシェアし合う「保険制度」は、感染症への備えに適しているのです。実際、日本における結核による死亡者数は、薬と保険制度によって劇的に減少したのです【グラフ④】。

他方、糖尿病やがんのような生活習慣病では、薬による治療満足度は大きく下がります。生活習慣病の薬の多くは、飲んでいる間だけ効果が現れるため、患者はその薬を生涯にわたって飲み続けなければなりません。人工透析なども、つらい治療が生涯にわたって続くことになります。

がんでは、抗がん剤の効果が低いのも問題ですが、それ以上に患者と医者の情報格差が甚だしいことが問題です。がんの患者やその家族は、医者から「この薬は30％の人に効果があります」と言われた時、この薬を飲めば「3割の確率でがんが治る」と信じます。感染症の治療薬のイメージがあるからです。正しくは、「3割の確率で少しの間がんが縮小している」ということです。もちろんなかにはがんが消滅する場合もありますが、白血病など一部のがんを除けば、実際には極めて少数です。その一方でつらい副作用はほぼ全員に出ます。このことを正しく理解して治療に臨んでいる患者や家族がどれだけいるでしょうか。

認知症に至っては、有効な治療薬がほとんどありません。研究者は、認知症患者の脳を分析し、原因らしきものを特定し、これを除去することで症状を改善しようと取り組んできました。しかし現状ではそのような取り組みは悉《ことごと》く失敗に終わっています。世界のメガファーマ（巨大製薬企業）も認知症治療薬の開発から撤退しつつあります。医療現場では、西洋医学に基づく化学療法より、東洋医学の漢方の方が症状を改善することが知られています。大半の認知症は一種の老化現象です。感染症のように特定の原因によるのではなく、様々な要因が関係すると考えられるこうした疾患に対しては、アプローチを変える必要があるのです。

レギュラトリ・サイエンス・トラップ

第二章で詳しく述べますが、薬が効きやすい疾患は、そのほとんどが外因性の単一要因（シングルファクター）によるもので、代表例が感染症です。薬を承認する手続を定めた薬事法は、感染症との闘いを前提に作られています。つまり、原因とメカニズムを特定しこれを排除する効果のある物質を探す。それが人間にとって安全で、多くの患者に一定の効果があることを確認する。その方法論を体系化したのが、レギュラトリ・サイエンス*です。世界の薬事法も基本的にこの発想の上に成り立っています。

しかし、効果的な治療薬が見つからず、医療費を押し上げる原因となっている生活習慣病と老化型の疾患は、病気の原因が必ずしも体の外から来るのではありません。しかもその原因は一つとは限らず、複数の要因が絡み合っている場合が少なくないのです。

他方、医薬品の審査方法は、病気の原因を一つに定め、化学物質などでこれを阻害することによる効果を統計的に確認するというものです。生活習慣病や老化型の疾患では、複

*レギュラトリ・サイエンス　医療分野の研究開発の成果の実用化に際し、その品質、有効性及び安全性を科学的知見に基づき適正かつ迅速に予測、評価及び判断すること。

数の要因（マルチファクター）のうちの一つだけをターゲットにして医薬品を開発しようとするため、膨大な治験によって微妙な差異を確認するという作業に追われます。この手法では、複数ある要因の一つにしか対応できないので、効く人もあれば効かない人もある。また、体調や年齢によって効果に差が生じ、薬の効果を表す奏効率は総じて低くなります。この結果、新薬の開発コストは大幅に上昇しますが、際立った効果は期待できません。

要するに、従来の治療薬の審査方法は、生活習慣病や老化型の疾患に効果的な治療薬を見つけることには適さないのです。それでも世界の製薬会社は、統計的優位性を立証するために、巨額のコストをかけて膨大な数の治験を行っているのです。結果的に、従来品と比べて有効性に大差がないのに高額な新薬が承認され、世に送り出されています。医者も患者も、新薬という言葉に魅かれて使いたがるものの、医療費がかさむ割に効果が少ないのは自明です。まさにレギュラトリ・サイエンス・トラップとしか言いようがありません。しかもこれは、一般に「医療の高度化」として説明されているのです。こうした問題に対応するためには、複数の要因が関係する疾患に対応できるマルチファクター型のレギュラトリ・サイエンスを確立することが必要なのです。

4 何を実現すべきなのか――役割と生きがいを持ち続けられる社会へ

結局私たちは何に取り組むべきなのでしょうか。それを考えるに当たって注意すべきことがあります。それは、数字に踊らされないことです。戦後日本は急速に寿命が延びたように見えます。確かに戦前50歳であった平均寿命は現在80歳となり30歳延びました。数字の印象だけで言えば、高齢者が一世代分に当たる30年長生きするようになったと感じます。まさにお年寄りが激増するイメージです。しかし、現実には戦前に比べてお年寄りが平均で30年長く生きるようになったわけではありません。実は、平均寿命は乳児死亡率に大きく影響されるため、単にお年寄りが長生きになっただけではなく、赤ちゃんの死亡率が低下したことも大きく影響しているのです。

役割を持つことで人は健康で長生きする

何千年の昔にも１２０歳まで生きていた人がいたと考えられることは前に述べましたが、平均寿命が35歳とされる江戸時代にも１００歳を超えるお年寄りは少なからずいました。この当時、「介護」という概念はありません。高齢者は「長老」と呼ばれ、種まきや収穫の時期、自然災害の知識、村の歴史や「掟《おきて》」などを伝授する重要な役割を担い、尊敬を集めていたと思われます。他方、現代では、役割もなくただ生かされているだけの高齢者が増えているのです。

私たちが取り組むべきはこの点なのです。高齢者は社会からリタイアしなければならないと誰が決めたのでしょうか。そもそも「定年制」は、人口が増加していく戦後復興期において若い世代に仕事を譲るための「方便」として生まれた制度です。実際江戸幕府には、100歳近くまで役職に就いて働いていた人たちの記録が残っています。高齢者が元気でいながら何の役割も与えられない環境こそが問題であり、このことが私たちの直面する多くの課題を生み出しているのではないでしょうか。

しかし、だからといって単純に定年を延長すべきと主張するつもりはありません。70歳を過ぎて夜遅くまで働きたいと思う人はいないでしょう。戦後日本は、1周目の人生（「還暦」を迎えるまでの期間）を生きる人たちが頑張って世界トップクラスの経済力を持つ国になりました。日本は資源のない国ですから引き続き1周目を生きる人たちには頑張っていただく必要があります。しかし、2周目（「還暦」を迎えた後の期間）を生きる人たちには、これとは別の役割を担っていただきたいと考えます。それは1周目の人たちを「支える」

ことです。具体的には、地域コミュニティの維持、子育ての支援など、安全で住みやすい社会の構築です。かつて三世代が普通に同居し兄弟も多かった時代には、青年団を中心に村の行事や防災、文化の伝承などが行われてきました。しかし、核家族化や少子化が進み地域のつながりが希薄化するなか、安全で住みやすい社会を作るには元気な高齢者の方々に活躍していただくことが必要なのです。

最近の調査研究によれば、多くの高齢者は80歳近くまで十分健康を維持しているようです。東京大学高齢社会総合研究機構の秋山弘子教授が行った高齢期における生活自立度の変化パターンの研究では、必要な栄養を摂り、体を動かし、自分が社会に役に立っているという実感を持っている人は、90歳近くまで自立度が下がらないそうです。特に、男性の約1割はそのような状態にあり、中小企業の会長などにそうした例が多いようです。今後、女性の社会進出が進み活躍の場が増えてくると、長く健康を保ち続ける方が増えると思われます。おそらく何千年も昔に１２０歳まで生きた人たちも、こうした条件を満たしたのではないでしょうか。大切なのは、人は必ずしも年齢と共に弱っていくわけではないという事実をしっかりと認識しておくことです。

「2周目の人生」をいかに豊かにするか

今求められているのは、1960～80年代をベースに構築された社会経済システムを、「2周目の人生」の存在を前提に、生涯にわたって「役割と生きがい」を持ち続けられる「生涯現役社会」に再構築することです。それが達成された時、社会は今とは大きく違った姿になるでしょう。「80歳になっても100歳になっても、今が一番楽しい」と言える社会をめざすべきなのです。人は最後まで「右肩上がりの人生」を生きることができます。人生にピークを作ってはいけません。実際、私たちの脳は歳をとるほど幸せを感じやすくなるように出来ていると言われており、条件さえ整えば人は幸せを感じ続けながら人生を全うすることができるのです。

以前、高齢者の方々に「今一番望むことは何か」と尋ねたところ、多くの方から「尊敬されたい」との回答が寄せられました。残念ながら今の社会では実現することが最も難しい希望なのかもしれません。最近急速に増えつつある認知症は、そうした希望が満たされないストレスに対する自己防衛反応ではないかと考えています。下り始めた人生、自分が社会の役に立っていないという現実に対し、これを認識させられることのストレスから自分を守るために、自ら脳の機能を減らしていくのではないかと思うのです。

「介護サービス」は、身の周りのサポートをする一方、ケガや事故のリスクを回避するため、お年寄りが自由に行動することを制限しているとの指摘があります。お年寄りから役割や活動の自由を奪うことが認知症の温床であり、フレイル*を助長しているのではないでしょうか。知的な仕事をしてきた人が仕事以外につながりを持っていない場合、施設に入ると早々に認知症の兆候が現われると言います。特に、「会社」以外に居場所のなかった男性は要注意です。この点は、第二章で詳しく述べたいと思います。

したがって、認知症予防のためにまず取り組むべきは、「社会的存在」としての高齢者の居場所を確保し、社会の役に立っているという「実感」を持ち続けてもらうことです。ボランティアなどの社会貢献を通じて「ありがとう」と言われることも大切です。ワクワクとドキドキが免疫力をアップさせると言います。これこそ健康寿命を延ばす秘訣であり、何千年も昔の「超高齢者」に近づく方法ではないでしょうか。そのためには、「役に立ちたい」、「尊敬されたい」といった高齢者の欲求を活かす仕組みを、社会経済システムに組

＊フレイル
高齢になって筋力や活力が衰えた段階。高齢者の多くは、フレイルの段階を経て要介護状態になるので、早期発見をして対処することが大切と言われる。

み込む必要があります。高齢者を重要な社会的プレーヤーとして位置付け、社会活動や経済活動への緩やかな参加を実現するのです。

変えるべきは「人口構造」ではなく、「高齢者はリタイアするもの」と思っている社会の「常識」です。今私たちは、１０００年に一度とも言える人口構造の大転換期に生きているのです。これまでの常識を覆し、健康長寿を基本とした社会経済システムを構築することができれば、状況は大きく変わります。

次の章では、社会保障制度の問題点を改めて整理すると共に、それを担ってきた主体が今後どのような役割を果たすべきかについて述べたいと思います。

第二章 時代に合わなくなった社会保障制度

1 社会保障制度見直しの視点

日本の国民皆保険制度は、結核に代表される感染症やケガから労働者を守り、経済成長を維持するための労働力の確保を目的に整備されました。誰もが罹患する可能性が高く、予防が難しい感染症やケガなどに対して、国民全体でリスクを分かち合ったのです。この結果、貧富の差にかかわらずその時代における最も優れた治療を受けることが可能となり、当時の日本人の死因トップであった結核を劇的に減少させました。さらに労働環境、衛生環境の改善や医療技術の発達によって、事故や感染症のリスクは大きく軽減されました。このことは、日本の医療制度と医療関係者の努力の賜物《たまもの》であり、世界に誇るべき成果です。

治療を主体とする保険制度の限界

しかし、所期の目的は達成されたのですが、手厚い医療保険制度はそのまま維持されました。この結果、本来予防が可能な生活習慣病の治療に対しても全く同じように公的保険から医療費が給付されているのです。しかも、病気になった人の「経済的損失を補てん」するという「保険」の性質上、「予防」によって本人の幸福や医療費の削減に効果があると分かっていても、「具体的な損失が発生していない段階では保険金給付の対象にできない」とのスタンスが貫かれてきました。日本の医療は、原則として公的医療保険の内側でビジネスモデルを成立させてきましたので、「予防」に対する取り組みはどうしても後手に回ってしまいました。反対に、具体的な病名が付けば、それが一種のパスポートとなり、お年寄りは病院に居場所を確保することができたのです。このため病院の待合室がお年寄りで溢《あふ》れかえると共に、社会的入院と呼ばれる現象も生まれました。

「社会保障制度改革」において議論すべきは、不足する財源をどのように確保するかではなく、主たる疾患が感染症から生活習慣病に変わったにもかかわらず、従来の医療保険の仕組みに頼ったままになっている点です。感染症は体の外から来る細菌やウイルスによってひき起こされる疾患であるのに対して、生活習慣病は主として患者自身の自己管理に原因があります。このような疾患の性質の違いを全く考慮せずに保険制度が適用されるため、健康管理に努めていようが不摂生な生活をしていようが、病気になれば全く同じように医療給付を受けることができるのです。いつでも誰でも最先端の医療を低コストで受けられる〝奇跡の制度〟が、人々の中で健康管理の優先順位を劣後させたと言っても過言ではないでしょう。しかも、そうした状態が半世紀近く続いたことで、皆で支え合うことによる「恩恵」が、いつの間にか「権利」に変わってしまったのです。

疾患の性質変化がもたらす隠れた課題

ここでもう一度、主たる疾患の性質が変わったことによる問題点を整理してみましょう。

私たちが一般に「病気」と認識しているものは、風邪やインフルエンザの他、がん、糖尿病、さらには認知症などがあります。どんな健康な人でも自分には関係ないとは言えない

【疾患の性質の違い】

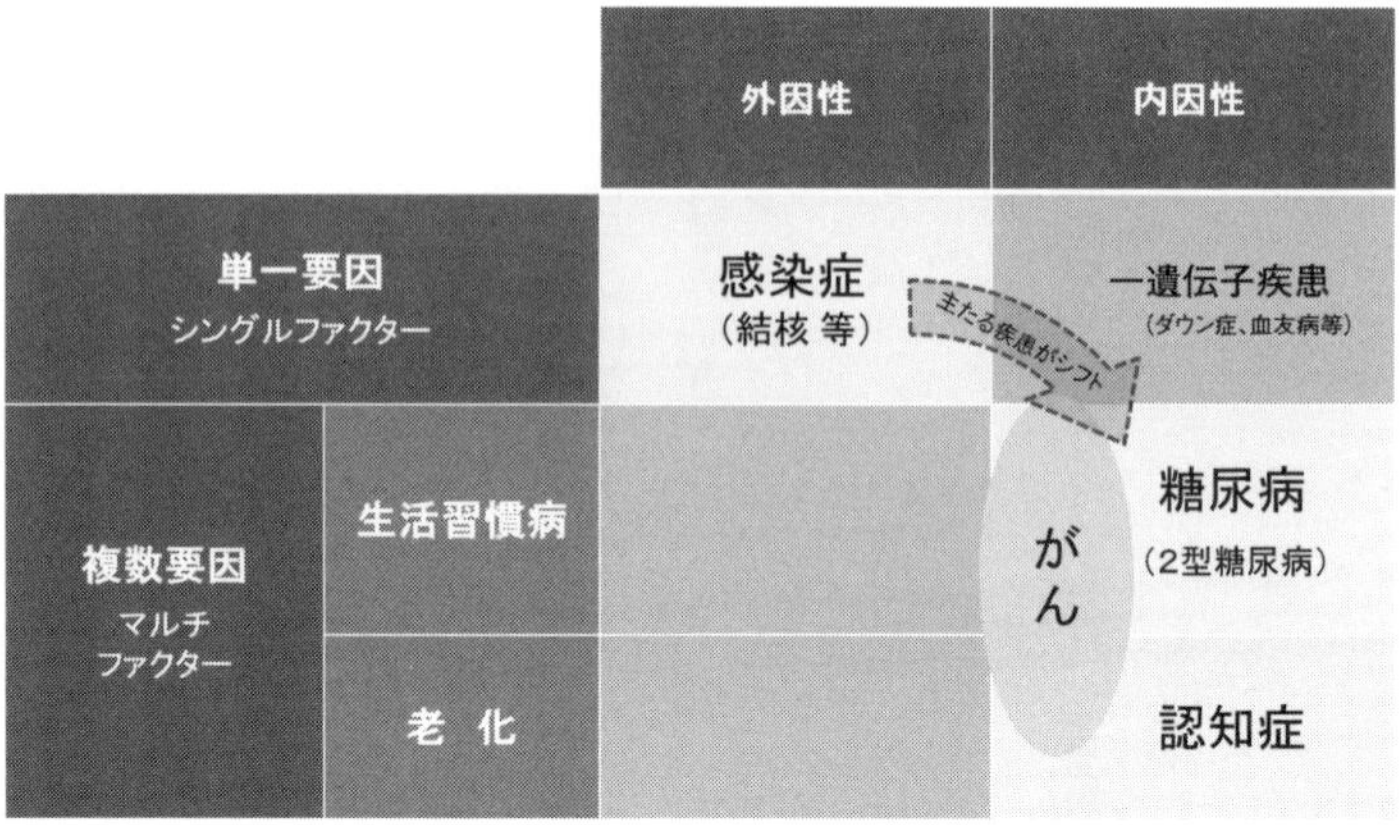

ものばかりです。これらの疾患については、医療保険においても、治療薬の承認手続きにおいても、全く同じ「病気」という扱いになっています。

しかし、それぞれの疾患についてその原因や性質にしたがって分類すると興味深い事実が浮かんできます【図】。まず、疾患の原因がどこから来るかという視点で見ると、体の外から細菌やウイルスなどの異物が侵入する「外因性」の疾患と、がんや糖尿病、認知症のように身体の中に原因がある「内因性」の疾患とに分かれます。また別の視点で見ると、原因がほぼ一つに特定される「シングルファクター型」の疾患と、様々な要因が絡み合う「マルチファクター型」の疾患に分かれます。

このマルチファクター型の疾患には老化に伴う疾患や生活習慣に起因する疾患があります。実際の疾患は、様々な要素が絡み合うためもっと複雑ですが、ここでは方向性を見出すために少し単純化して考えてみます。

外因性のシングルファクター型に該当する典型的な疾患が感染症です。他方、内因性のマルチファクター型で生活習慣による疾患の典型例が糖尿病（特に2型糖尿病。糖尿病の型については後述）です。内因性のマルチファクター型で老化によるものが認知症になります。がんは様々な種類があるため一概には言えませんが、生活習慣病であると共に一種の老化現象でもあると考えられます。ちなみに、内因性のシングルファクター型の例は、血友病やダウン症などの一遺伝子疾患でしょう。

これまで病気の主流であった感染症は、基本的にシングルファクター型であり、原因が特定されますから治療目的は「根治」です。病気の原因を取り除くことができれば、体は元に戻ります。これに対する効果的な治療薬の開発とは、外敵である細菌やウイルスに対してこれらを死滅させる効果がある一方、人間の体に対して影響の少ない物質を探すことです。特に、感染症は、老若男女を問わず様々な患者が想定されますので、すべての患者に対して一定の効果があることが求められます。また、薬は広く流通するものですので、その作用機序を明らかにすると共に、あらかじめ多くの治験者を使って統計的にも一定の効果を証明することが基本となります。まさにレギュラトリ・サイエンスの本領発揮です。実際、過去の薬事行政は効果の怪しい薬との闘いの歴史ですから、こうしたエビデンスベースのアプローチは極めて重要な手続きになります。

疾患の性質変化を踏まえた対応の必要性

新薬を承認する治験のプロセスでは、フェーズⅠ（第Ⅰ相試験）によって人体への安全性を確認し、フェーズⅡ（第Ⅱ相試験）によって病原体への効果を確認し、フェーズⅢ（第Ⅲ相試験）によって多くの治験者に対して一定の効果があることを確認するという手続きで成り立っているのは世界共通です。従来の医薬品は、すべてこのプロセスを経て承認されてきました。しかし、近年疾患の主流となっている生活習慣病や認知症は、その原因が体の外から来るわけではありません。にもかかわらず、その原因が感染症と同じくあたかも排除すべき異物であるかのように認識してきたことが、医薬品の価格がどんどん高くなる一方で、際立った効果がみられないという問題の根本にあることは第一章でも触れました。

これら疾患の性質の違いを認識し適切な対応を図ることができれば、今からでも医療費の適正化を図ることは可能です。特に、生活習慣病の代表である糖尿病、死因のトップであるがん、今後世界の最重要課題と言われる認知症の三つについて対応を見直すことで、豪華客船の形をできる限り維持したまま沈没を回避することができると思われます。

しかし、実際には、現行制度の内側だけで対応するのは困難でしょう。制度の変更には必ず影響を受ける者、損をする者が出てきます。政治的にも弱者救済は有権者に訴えやすいのですが、国民に負担を強いる選択肢は採り難いため、サービスレベルが高止まりするヒステリシス効果を招くことは前にも述べました。

では、具体的にどうすればよいのでしょうか。端的に言えば、制度の内側と外側を同時に変えることです。医療サービスの提供方法に加え、健康管理に取り組みやすい社会環境を整えること、さらには、結果的に人々の健康度が高まるような魅力的なサービスを充実させることで、公的保険制度が適切に運用される前提条件を整えるのです。そうすれば、国民皆保険制度の良い部分を残しつつ〝沈没回避〟を実現することができるのです。

2 糖尿病——不摂生は得？ 生活習慣病を容認する制度

２０１７年において、糖尿病の治療には年間約１・５兆円もの医療費が使われています。糖尿病には、１型、２型と呼ばれる二つのタイプがあり、自己免疫疾患などを原因として小児期に発症することも多い１型糖尿病に対し、２型糖尿病は遺伝的要素を背景としつつも生活習慣が主たる原因とされています。２型糖尿病は運動や食事を管理すれば相当程度回避することが可能であり、日本人の糖尿病患者の95％がこのタイプです。１型は本人の生活習慣とはほぼ無関係であるため、保険制度によって手厚いサポートが提供されることに異論はないでしょう。ここでは２型糖尿病に焦点を当てて議論を進めることとします。

２型糖尿病の原因は主として食生活の乱れや運動不足なので、治療の基本は生活管理であるべきです。ところが糖尿病専門医でない医者の多くは、生活指導より投薬を優先する傾向にあると言われています。生活習慣病は、薬によって症状をコントロールできますが、治癒することはありません。生活習慣病を治すには、本来生活指導こそ治療の中心であるべきですが、自覚症状が出た段階では既に相当程度病状が悪化していることもあり、安易に投薬で済ませてしまうことも少なくないと言われています。

反省すべきは患者の側も同じです。生活改善の努力をするより手っ取り早く薬をもらうことで満足してしまいます。「国民皆保険制度」によって患者負担は3割以下で済むため、治療に対するコスト意識が欠如しています。２０１７年において、治療を受けている糖尿病患者だけでも約１０００万人いて、同じ規模の予備群がいます。しかも、症状の進行を食い止められず人工透析に移行する患者が後を絶ちません。人工透析を受けている患者は申請すればそのほとんどが「身体障害者1級」に認定されるため、年間約６００万円の人工透析費用だけでなく、他の医療費も無料になります。さらに、公共サービスなどで様々な優遇を受けることができるのです。

重症化するまで何もしない患者たち

糖尿病についてもう少し詳しく見ていきましょう。健康診断で血液検査を行うとＨｂＡ１ｃ（ヘモグロビン・エー・ワン・シー）という指標が示されます。この値が6・5％以上だと「糖尿病が強く疑われる」人（有病者）となります。しかし、実際にはこの値が7％を超える程度にまで悪化しないと自覚症状は出ないと言われています。このため有病者のうち約40万人は未治療の状態にあります。

また、ＨｂＡ１ｃの値が６・０％を超えると「糖尿病の可能性を否定できない」人（予備群）となり保健指導を受けることになっています。６・０％以上６・５％未満の人は、２０１７年には約１０００万人いると推計されており、６・５％を超えて自覚症状が出ていない人も含めその約８割は何もしていないと言われています。彼らは、病状が悪化し、自覚症状が出て初めて病院を訪れるため、必然的に医療費が高額になるのです。彼らの生活習慣を改善できれば、人工透析などに要する医療費を大幅に削減できるのです。

生活習慣病に対する啓蒙活動や健康づくりの運動は、従来から盛んに行われてきました。しかし、そうした活動によって医療費が減ったという話はほとんど聞きません。東京大学の康永秀生教授が指摘するように「予防政策によって医療費は減らない」のが医療経済学の「常識」になっています。なぜなら、健康づくりのイベントに参加するのは、健康への関心が高く比較的健康な人たちばかりだからです。健康診断で病気の可能性が指摘されても〝崖っぷち〟にいる人はほとんど参加しないのです。この結果、これら〝崖っぷち〟にいる人たちが近い将来重症化し、巨額の保険医療費を使っていくのです。

ただし、単に彼らを非難しても解決にはなりません。その多くは単なる怠慢で放置しているのではなく、仕事や生活に追われるなど自分の健康に気を使っている余裕がないため、生活改善の優先順位が低くならざるを得ないのです。仕事の性質上健康診断に行く時間が確保できない人や、生活パターンを変えることが難しい人も少なくありません。

患者の行動変容に向けて

生活習慣病について、治療や保険制度の枠組みの中だけでどうにかしようとしても、なかなか本人の行動が変わらないことは、長年にわたって従業員の健康管理に取り組んでこられた健康保険組合の方々が痛感しています。ちなみに、法律でその受診が義務づけられた「特定健康診査」は、2017年では対象者の半分程度しか受診していません。実際にこの検診を受けた約2600万人の状況を見ると、各年齢層において一定の割合で「治療の必要あり」と判断される人が見つかっています。仮に、未受診者の全員が受診し、同じ比率で要治療の患者が見つかったと仮定すると、400万人以上が直ちに病院に行く必要がある計算になります。医療や保険の制度を見直す前に、本人の意識にとどまらず、職場や企業文化を変えることで、健康管理に取り組みやすい環境を整えることが必要なのです。

自覚症状のない人に自覚を促すためには、「分かりやすい制度設計」も必要となります。例えば、健康管理への取り組み（健康状態ではありません）を、昇進の際の評価項目にすることです。健康診断で注意されても何もしない社員は、将来的に他の職員及び会社が支払う保険料の大半を使っていくことになり、会社に損失を与えるからです。

生活習慣病の患者やその予備群が実際に生活習慣を変える「行動変容」につなげるためのツールを作ることも重要です。具体的には、自覚症状がないため何も行動しない軽度の糖尿病患者に特化して、食事や運動管理による健康改善データを収集し、適切な改善プログラムを作成するのです。日本糖尿病学会によれば、これらの患者は、3カ月程度運動と食事管理をするだけで、かなりの程度改善効果が期待できると経験則的には知られているそうです。しかしながら、これを立証する体系的なデータはこれまで十分に集めることができなかったとのことです。

こうした状況を踏まえ、経済産業省では、HbA1cが6・5%を超えているものの、まだ薬を飲んでいない患者（重症化予備群）を対象に、食生活と健康管理による改善効果を測定する実証事業を行いました。重症化予備群は、大企業では全社員の2%弱存在すると言われています。ただ、その多くの方が忙しい部署に配属されており、協力を取り付けることは容易ではありません。当初、糖尿病の専門家の方からも、「6・5以上で薬を飲んでいない人を100名集めることは不可能だ」と言われました。このため30社以上の企業の経営者や健保組合を訪問して協力を求め、最終的に8地域で600名を超える対象者を集めることができました。一口に600名と言ってもその母数となる従業員数は約164万人です。この実証事業は、健康診断の結果を踏まえ、毎日の活動量や体重、血圧などを継続的に計測し、電子メールを用いて生活改善に向けた注意喚起を行うというものです。

医療におけるデータの取り扱い――ビッグデータからクオリティデータへ

ちなみにこの実証事業では、医学研究に必要な質を担保するため、本人同意を取得し、データは匿名化しません。さらに、600名を「計測するだけのグループ（対照群）」と「医療関係者が日々のデータをチェックして運動や食事の状況についてメールで健康指導を受けるグループ」の二つに分け、3カ月間追跡調査しました。こうして得られたデータを「クオリティデータ」と呼び、いわゆる「ビッグデータ」とは区別しています。

従来の健康啓発事業でも既に膨大なデータが存在しており、典型的なビッグデータとなっています。しかし、これらは希望者だけが参加する「手上げ方式」が基本のため、ターゲットとなる対象者がほとんど入っておらず、また、データ収集の方法もバラバラのためデータとしての質は低く、いくら解析しても必要な改善プログラムに辿り着きません。

他方、今回の事業では、対象者を絞り、条件を整え、対照群まで用意していますので、生活指導による効果の因果関係も含め、質の高い改善プログラムを作ることができます。今まで医者の経験則でしかなかったものをきちんとデータ化し、クオリティデータを基に質の高い改善プログラムを作った上で、既存のビッグデータも用いた解析を行うことで、医療分野での使用に耐えられるＡＩ（人工知能）を作ることが可能になると考えています。

驚くべき改善効果

この実証事業の結果は、当初の予想を遥かに上回りました。１６８名の対象者で行った愛知県のグループでは、ＨｂＡ１ｃの平均値が６・99％と重症化直前であったものがわずか3カ月で、糖尿病の基準値６・５％を下回る６・43％まで下がったのです。本人は体重と血圧を毎日測り、活動量計を身に着けていただけです。当初は健康指導のメールが送られてくるだけで効果があるのか半信半疑でしたが、計測しただけのグループ（対照群）と比較しても明確な差が出ました【図】。

さらに驚いたことには、糖尿病が改善しただけでなく、高脂血症や高血圧など他の生活習慣病の指標も軒並み改善したのです。なかには3カ月で10キロ以上痩せた方もいました。

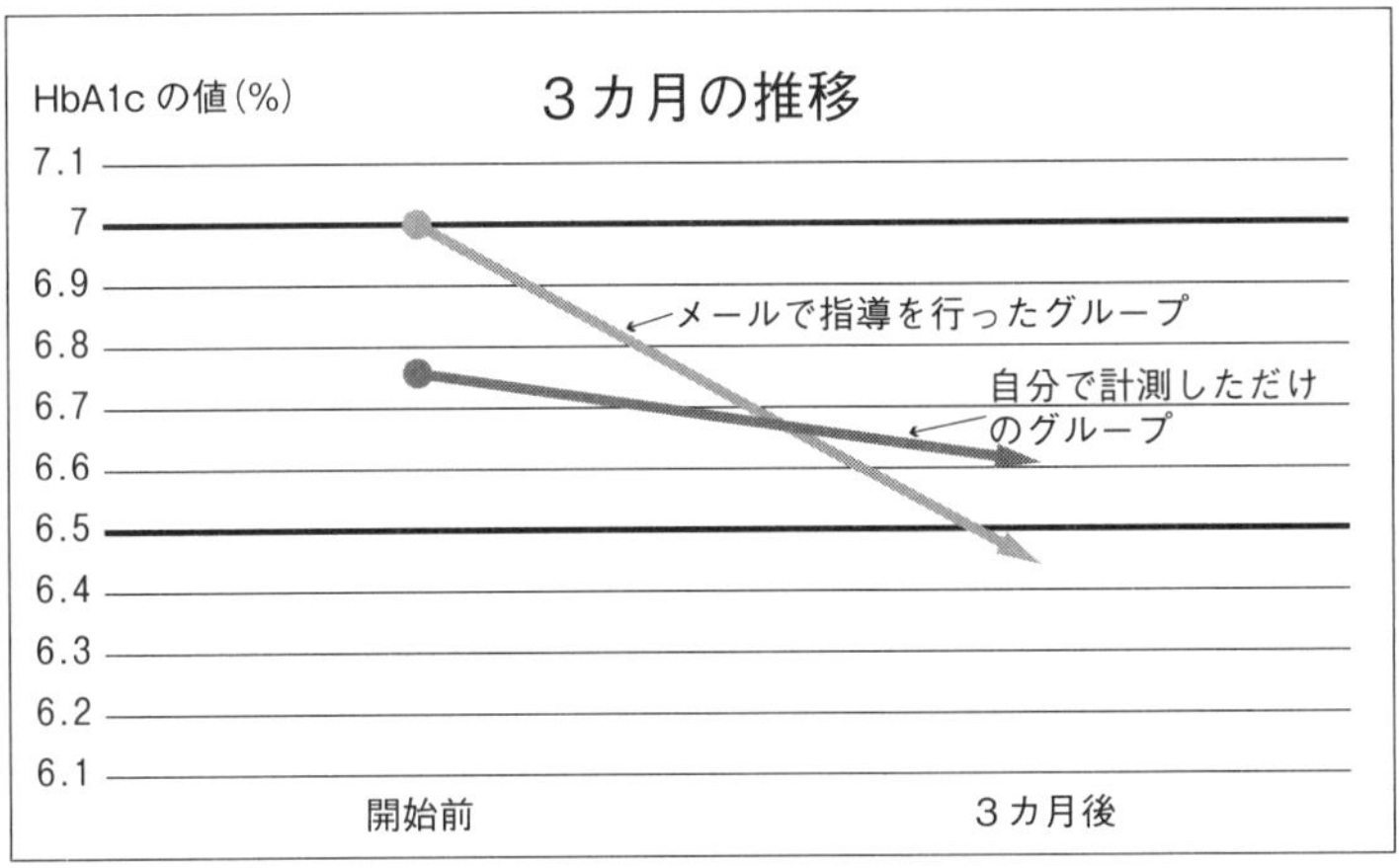

考えてみれば当然のことで、私たちはどうしても重症化して病名が付いたところから治療方法を考えがちですが、重症化一歩手前にいる人が生活習慣を改善すれば、およそすべての生活習慣病の予防になるのです。これまでのような投薬による治療では、患者は生涯にわたって個別の疾患毎に何種類もの薬を飲み続けることになり、その医療費は膨大な額に上ります。しかも、そうした治療によって病気が治るわけではありません。

この実証事業から、「生活習慣」に直接働きかければ、薬を飲んだのと同等以上の効果を得られる見通しが立ちました。

治療方法を大きく変える可能性も

この取り組みは糖尿病の専門医からも高い評価

をいただきました。生活習慣病では、普段の生活の中での血圧や体重、運動といった情報が重要なのですが、現実には問診の際の自己申告に頼るしかなく、客観的なデータに基づく指導が極めて難しいそうです。また、感染症と異なり問診では診断が難しいため、高額な検査に頼らざるを得ない状況でした。それが今回実施した取り組みでは、体重や血圧、日々の活動量などの正確な情報を得られ、しかもメールを送って注意喚起をしたり、努力を褒めるといった指導の大半は人工知能が行ってくれるのです。このため、医者の負担が大幅に軽減される一方で、効果的かつ効率的な指導が可能になるというのです。

この事業はあくまでトライアル（実証）でしたので、日本糖尿病学会と連携し、規模を拡大して本格的な調査事業の準備を進めています。今後実施する事業では、従業員300万人から条件に合致した約1000人を抽出し、計測と指導を1年間行う予定です。データの質を高めるため、活動量計などの計測機器も統一します。これによって、世界の追随を許さない高いレベルの医療用人工知能を開発することができると期待しています。

こうしたデータを用いると、本人に自覚症状がない場合でも、そのリスクを実感できる仕組みを作ることが可能になります。具体的には、短期間であってもどの程度の改善効果が期待できるかが客観的に示されるため、健康管理を行わなかった場合の医療費の計算もできるようになります。既に民間の保険会社では、生活管理連動型の保険商品の検討が始まっています。また、会社全体が「健康経営」に取り組むことで健康管理を行いやすい環境が醸成され、適切な指導プログラムによって比較的短期で効果を実感できれば、本人にとっての優先順位も転換できると考えられます。この点は第四章で詳しく述べます。

3　がん——誰のための、何のための治療なのか？

「日本人の2人に1人ががんになり、3人に1人ががんで死ぬ」と言われる時代です。がんと言っても実際には様々な種類や原因があるので一括りにはできませんが、徒《いたずら》に不安がるばかりでなく、その性質を大まかにでも知っておくことが重要です。

がんの多くは、感染症のように外から侵入してきた異物によってひき起こされるのではなく、自分自身の細胞が性質を変えてしまったものです。がん細胞は、遺伝子の異常によって増殖のコントロールが効かなくなった細胞であり、言ってみれば自分の細胞がグレて暴走しているようなものです。グレてはいますがその他の点においては概《おおむ》ね通常の細胞と同じです。つまり、がん細胞は細菌やウイルスのような異物ではなく、少し違った性質を持つ私たち自身の細胞なのです。このため、他の細胞と同じように懸命に生き延びようとして環境の変化に適応するため変異もするのです。さらには異常な細胞を見つけて排除する機能を持つ免疫システムから逃れるため、正常細胞のフリをするのもがんの特徴です。

がん細胞は毎日発生している

がんについて特に理解しておくべきは、どんな健康な人でも毎日沢山のがん細胞が発生しているという事実です。がん細胞は遺伝子の異常によって発生するのですが、これは決して特別なことではなく、細胞分裂の際の遺伝子のコピーミスによって遺伝子の異常は必ず発生します。ヒトの体は数十兆個もの細胞で構成されていると言われています。私たちの体は、たった一つの受精卵が分裂を繰り返して数を増やしながら形成されていくことは、中学校の理科の時間に習いました。一つひとつの細胞には、体全体の設計図である遺伝子のセット（ゲノム）が積み込まれており、このヒトゲノムは30億もの塩基対*によって二重らせん構造となり染色体を形成しています。

細胞分裂の際には30億の塩基対からなる配列をすべて正確にコピーしなければならないのですが、分裂時間から逆算すると1秒間に約71万対もの配列をコピーしていることになります。これほどの速さでコピーするわけですからミスするなという方が無理な話です。実際、1回の分裂で3カ所程度コピーミスが発生すると言われています。日々くり返される細胞分裂の結果、こうした遺伝子のコピーミスの蓄積などによって、誰でも1日に数千個ものがん細胞が発生していると言われています。私たちの体が細胞の集合体である限り若くても健康な人でも必ずがん細胞は発生するのです。

なぜ「がん」という病気になるのか

では、若い頃から毎日がん細胞が出来ているのに、なぜ私たちはすぐに「病気としてのがん」を発症しないのでしょうか。それは、体の中の免疫システムによって異常が発生した細胞を除去する機能があるからです。毎日発生するがん細胞を直ちに免疫細胞が見つけて処理してくれるため、私たちは簡単には「病気としてのがん」にならないのです。

東京大学病院の中川恵一放射線治療部門長によれば、私たちの体の中では毎日免疫細胞

＊塩基対　DNAを構成する要素の最小単位である塩基が、特定のペアと結合して安定したもの。DNAは遺伝情報を保持している物質であり、遺伝情報を含む領域を特に遺伝子と呼ぶ。

とがん細胞との間で「5千勝0敗」の戦いが繰り広げられているそうです。私たちはこの免疫システムのおかげで「病気としてのがん」にならずに済んでいるのです。つまりがん細胞が発生すること自体は病気でも何でもありません。免疫システムにとってがん細胞の発生など織り込み済みだからです。問題は、免疫システムの機能が何らかの理由で低下し、発生したがん細胞を見逃してしまうことです。あるいは「発がん性物質」などによって、遺伝子の異常がより多く発生し、免疫システムによるがん細胞の処理が追い付かなくなることなのです。

免疫システムを潜《くぐ》り抜けたがん細胞は分裂を繰り返し、10年から20年ほどかけて検査で確認できるサイズのがんに成長すると言われています。この段階でようやく「病気としてのがん」と認識されるのです。最近では診断技術が発達しましたので、2～3ミリ程度の大きさでも発見できるようになりましたが、従来は1センチ程度の大きさにならないと、診断も治療もできませんでした。

つまり「病気としてのがん」は、免疫システムに見逃されたがん細胞が、10～20年かけて増殖を繰り返して大きくなったものなのです。これまでのがん治療は、がんを取り除くことに力を注いできましたが、本来はなぜ免疫システムの機能が低下したのか、なぜ10～

20年もの時間があったのに有効な対応ができなかったのかを考えるべきでしょう。大きくなったがんをすべて取り除いても、がん細胞を見逃した免疫システム側の問題が解決しなければ、がんは再発すると考えられます。

また、検診によってがんと診断されても、転移するケースもあれば転移しないケースもあります。がんは転移しなければ、よほど特殊な場所にできない限り命にかかわるものではありません。さらには、突然増殖を止めたり場合によっては消滅するケースもあります。しかし、現代医学はこうした事例にはあまり注意を払わず「治療」という名の下にひたすらがんを取り除くことに邁進してきたのです。

がん治療の現状

今日でもがん治療の基本は手術です。がん転移の可能性のある部位をできるだけたくさん切除する方法が主流だった時代は、仮に手術が成功しても患者は身体機能の一部を失うことになり、生涯にわたって不自由な生活を余儀なくされました。

その後化学療法が普及し手術との併用も行われるようになりましたが、自分自身の細胞を殺す毒物を体に入れるわけですから、極めて重い副作用に苦しむことになります。皮肉なことに、がんに対する効果は芳しくなくても副作用はほとんどの患者に現れます。普段私たちが目にするがん患者が苦しむ姿は、がんそのものより抗がん剤の副作用が原因だと言っても過言ではありません。

従来の抗がん剤は、がん細胞の特徴である増殖性の高い細胞を死滅させる目的で強い毒性を持つ物質を用いていましたので、がんのみならず体の中にあるすべての増殖性の高い細胞にも深刻な影響を与えました。髪の毛の元となる毛母細胞も増殖性が高いため、抗がん剤を使うと髪の毛が抜けてしまうことはよく知られています。それ以上に問題なのは、免疫細胞の機能を司《つかさど》る小腸の細胞を叩いてしまうため、抗がん剤の投与によって体全体の免疫力が落ち、感染症に罹りやすくなってしまうのです。

最近では放射線による治療が普及し始めていますが、治療全体に占める割合はまだまだ低いのが実情です。一般に放射線治療は手術に比べて身体へのダメージは小さいのですが、抗がん剤を併用するケースも少なくありませんので、治療全体として患者の負担は必ずしも小さくありません。

また、がん細胞の特徴を捉えてピンポイントにその部位を攻撃する分子標的薬も、元々免疫細胞が担っている機能の一部を化学的、物理的に模倣しているに過ぎません。しかも、がん組織のうちの特定のがん細胞だけを攻撃することで、かえって他のがん細胞を活性化させてしまう可能性も指摘されています。学術的には高い価値が認められても、あらゆるがん細胞に対応するという免疫システムが持っている本来の機能には敵《かな》わないのです。

がん研究の悩み

このように現代のがん治療はあくまでもがんに対する物理的、化学的、生物学的な介入によってがん細胞を排除するかその機能を阻害しようとするものばかりです。がんについては、毎年莫大な研究費が投じられ新たな治療方法の開発が進められていますが、感染症治療薬のような目覚ましい効果のある治療薬は出てきません。最近注目されたオプジーボも驚くほど高価でありながら4分の3以上の患者には効果がありません。一方で多くの患者に重篤な副作用が出ますから、巨額の医療費を使っても大半の患者は副作用に苦しんだだけで死を迎えることになります。

私たちがあまりにがんを恐れるが故に、がん撲滅を叫ぶと多額の研究費が集まります。公的資金による医療研究を見ても、実質的に半分以上ががんに関するものです。しかし、これまで費やした膨大な研究費によってどれだけの成果が生み出されたでしょうか。実際、長年にわたるがん研究の結果5年生存率が伸びたように見えますが、これはもっぱら診断技術の発達によって、従来では見つけられなかった早期がんが発見できるようになったため、結果的に生存率が伸びたように見えるだけだと言われています。

がんの研究は、言わば「現代の錬金術」の様相を呈しています。がんの専門家会合でも「がんの撲滅こそ人類の夢」といった勇ましい発言を耳にしますが、その会合に出席していたある専門医は「ここまで多額の研究費を注ぎ込んでおいて、当局も今さら有効な治療薬はできないとは言えないだろう」と言っていました。結果が出ない、しかし引き返すこともできない。まさにインパール作戦と同じ事態に陥っているのです。

最近では、がんをゲノムレベルで解析することでその特徴を明らかにして、より効果の高い治療方法を探す方向に研究が進められようとしています。しかし、がん細胞は元々細胞分裂に伴う遺伝子のコピーミスの蓄積や、発がん性物質や放射線による遺伝子の変異が原因です。病状としての胃がんや乳がんと診断された患者も、人によって発現している遺伝子が異なることはよく知られていることです。したがって、偶然による変異の多様性をいくら分析しても、学術論文は書けたとしても有効な治療方法を探すという観点からは、かえって遠回りになる危険があります。まさに前向きな姿勢を取りながら問題を先送りするイノベーション・シンドロームです。最近のがん研究ではゲノム分析が一種のブームのようになっていますが、膨大な研究費を使うことで、かえってゲノムのジャングルの中で立ち往生するのではないかと心配しています。

がん治療はどうあるべきか

現代の医療は、がんを感染症と同じ「異物」と見なして叩くことばかり考えてきたため、抗がん剤の副作用に苦しむだけの患者を徒《いたずら》に増やしてきたのではないでしょうか。医療とは本来患者を幸せにするためのものであるはずです。特に高齢者に対するがん治療では、抗がん剤によって患者の身体は衰弱し死を引き寄せています。がんとの闘いに勝っても、患者が死んでしまっては元も子もありません。いったい何のための治療なのでしょうか。こうした、がんの薬物療法だけでも毎年1兆円以上のお金が使われ続けているのです。

先にも述べたように、医者から「この薬は30％の人に効果があります」と言われた時、患者は「この薬を飲めば3割の確率でがんが治る」と信じます。一般に抗がん剤は、その薬によってがん組織が30％以上縮小した状態が4週間以上継続したことでも「効いた」と定義します。そのような定義であるにもかかわらず、抗がん剤の多くは「奏効率」が10％

程度です。つまり100人の患者に投与した結果、「効いた」という定義に当てはまる患者が10人しかいないというものです。画期的な新薬と言われるオプジーボの奏効率も20％強に過ぎません。患者や家族は「がんが〝治る〟3割に入りたい」と願って苦しい治療に耐えるのですが、患者が期待する意味での〝治る〟可能性は「極めて小さい」のが現実なのです。

この点を薬事の専門家に聞いたところ、「当局はこれまで一度たりとも抗がん剤でがんが治ると言ったことはありません」とのことでした。それはおそらく事実なのでしょう。しかし、国民には全く伝わっていません。医者は、治療の「効果」と「副作用」の意味をもっと正確に患者に伝えるべきです。医療現場では希望的なことを言う医者が好まれるそうですが、そこは医療のプロとして逃げてはいけないところでしょう。

これまでの医療は、「由《よ》らしむべし知らしむべからず」という言葉が当てはまるように、「患者は黙って医者の言う通りにしていれば良い」といった風潮がありました。かつて、感染症が主流であった時代には、それが有効であったのかもしれません。しかし、疾患の性質が変わり情報へのアクセスが容易になった今日、医療サイドのスタンスを変える必要があります。特に、週刊誌やインターネットなどにはがんの治療に関する情報が沢山掲載されています。がんの専門家はほとんどがインチキだと馬鹿にしますが、これほどまでに玉石混交の情報が飛び交うのは、患者や家族にとって医療のプロが行う治療に対して納得感のないことが原因なのです。がん患者やその家族は、がんについて必死に勉強し情報を集める結果、最新の治療方法について医者以上に詳しくなる人も少なくないと言われます。今の治療が「何かおかしい」と感じるため、必死に勉強しその結果辿り着くのが「民間療法」という現実を、「患者の無知」と片付けてしまうのはいかがなものでしょうか。

〝やりっ放し〟のがん治療

実際がんの治療に当たっている医者に話を伺うと、「個別の患者によって効果が出る場合と出ない場合が大きく異なるためがんの治療は難しい。抗がん剤は使ってみないと分からない」と言います。医療の現場では、今も製薬会社のMR（医薬情報担当者）のアドバイスを受けながら、医者が個人の経験と勘に頼って薬を選び、効果が出るまで次々と可能性のある治療薬を試してみるという方法が採られています。このため「新薬」という言葉は医者にとっても魅力的で、価格が高くても多くの医者が使いたがります。しかし本来は、「使ってみないと分からない」薬の開発に莫大なコストをかけるよりも、その資金を使って「使ってみなくても分かる方法」を考えるべきなのではないでしょうか。

これまでのがん治療で大きな問題だと思われるのが、基本的に〝やりっ放し〟であることです。使ってみないと分からないと言いながら、何種類もの治療薬を試してもその結果は蓄積も共有もされていません。膨大な数の患者の死が、医療の発展に役立っていないのです。治療の結果は治療に携わった医者の経験値として本人に蓄積されるだけなのです。

ようやく始まったがん登録制度も未だ道半ばで、報告が義務づけられているのは大きな病院に限られ、診療所は都道府県の指定がある場合のみです。届け出る内容も、ある抗がん剤がどのような患者に効いてどのような患者には効かなかったか、といったことが広く利用できる形で記録されるわけではなく、治療に携わった医者本人にのみ蓄積される状況に変わりありません。

〝高齢者〟に対するがん治療の問題点

抗がん剤に関してはもう一つ大きな問題があります。がんは加齢と共に遺伝子のコピーミスが蓄積し、その一方で免疫力が衰え処理が追いつかなくなったものと捉えれば、一種の老化現象とも言えます。実際、社会の高齢化に伴い高齢のがん患者が増えています。

高齢者は複数の慢性疾患を抱えていることが多く、同時に複数の治療を受けている場合も少なくありません。現状では複数の疾患を抱える高齢のがん患者に対しても、標準治療として抗がん剤の投与が行われています。しかし、複数の疾患を抱える患者に抗がん剤を投与した場合の有効性や安全性は、抗がん剤が承認される治験プロセスにおいては、全く検証されていません。複数の疾患を抱えた人は、そもそも治験の対象にできないからです。同様の理由で、75歳を超える高齢者も治験の対象になることはほとんどありません。対象となるがんだけを発症しているのは比較的若い患者が多く、彼らを被験者として行われた治験で示されたわずかな有効性を前提に治療薬として承認されるのです。

しかし、いったん「新薬」として承認されると「標準治療」となり、多くの高齢患者に投与されるのです。大抵のがん患者は亡くなってしまいますので、有効性や安全性が事後的に検証されることはまずありません。よほど重篤な副作用が発生しない限り承認が取り消されることはなく、製薬会社から積極的に報告するインセンティブもありません。

果たして高齢のがん患者に対する抗がん剤投与は正しいのか。国立がん研究センターで約７０００症例を基に検証していただいたところ、放射線治療を受けている70歳以上の肺がん患者への抗がん剤使用は「延命効果がない可能性がある」という結果になりました。

このケースでは70歳以上の患者数が少なかったため、確定的なことは言えないのですが、医療現場の実感としては以前から認識されていたようです。この研究結果を踏まえ、厚生労働省では年齢層に応じた標準治療のガイドラインを設けるべく動き出しました。患者のＱＯＬ向上を図る観点からは一刻も早くこうした対応が進められるべきでしょう。

高齢のがん患者に対しては、緩和ケアの重要性がもっと強調されるべきです。国立がん研究センターの研究結果が正しいとすれば、患者にとって抗がん剤による副作用に苦しむこともなく、しかもより長く生きられる可能性があるわけですから当然でしょう。高齢者に対する抗がん剤の使用方法が見直されれば、高価な抗がん剤から緩和ケアにシフトすることで、患者のＱＯＬを高めつつ医療財政への負担を軽減できると考えられます。

がんは弱い存在

私たちはがんとどう向き合うべきなのでしょうか。まず認識すべきは、私たちはがんについてその実態をよく知らないままあまりにがんを恐れ過ぎだということです。この節の冒頭に紹介した、「日本人の2人に1人ががんになり、3人に1人ががんで死ぬ」という表現は、がんは私たちを相当な確率で死に至らしめる恐ろしい存在というイメージを掻き立てます。その結果、がんと診断されると、あたかも人生が終わってしまったかのような絶望感に打ちひしがれ、それが原因で病状が悪化するのではないかと思われるほどです。それがゆえに医者は診断結果を正しく患者に伝えることをためらい、結果的に玉石混交の情報が跋扈《ばっこ》することになるのです。がんに対する恐怖心がもたらす悪循環です。

実は、そうした恐ろしいイメージとは裏腹に、生物学的な観点から見れば、がん細胞は弱い存在です。熱に弱く、嫌気性解糖《けんきせいかいとう》という極めて代謝効率の悪い方法でしかエネルギーを獲得できないため、常に大量のブドウ糖がなければ生きていけないのです。実際こうした特徴を逆手に取ったアプローチでがんを消滅させたという話を時々耳にします。

先日、がんが体の数カ所に転移しステージ4の末期と言われながら、食生活とストレスマネジメントによってがんが消滅した、という方から直接お話を伺いました。この方は、抗がん剤や放射線治療など、一通りの治療は行ったそうですが、転移・再発を繰り返し、治療も手詰まりな状態にあったそうです。そんな時、がん細胞の性質についての話を聞いたことから、常に身体を温め、野菜中心の食生活にし、何より前向きに生きることを心がけたところ2年ほどで体中のがん細胞がなくなり、以来定期的に検診を受けても再発がないそうです。実際お話を伺っていても実に明るく潑溂《はつらつ》としていらっしゃいました。

専門家の方にこの話をしたところ、この方は放射線治療も受けているので、いわゆるアブスコパル効果によってがんが消滅したのではないかとのことでした。〝放射線のアブスコパル効果〟は、がん細胞に対する免疫反応の一種で、放射線によって破壊されたがん細胞から出たがんの特徴（抗原）を免疫細胞が認識し、治療対象でないがん細胞にも攻撃を仕掛けるため転移先のがんをも死滅させる効果とされています。ただし、抗がん剤を併用すると免疫細胞の機能を阻害してしまうため効果が期待できないとのことでした。

ちなみに、最近新たな治療法として注目されているナノナイフや近赤外線療法も、患者自身の免疫細胞の力を借りて、効果的にがん細胞にアプローチしようというものです。

患者自らのアプローチこそがん治療の基本

私たちの免疫システムは、元々遺伝子の異常や変異の多様性にも対応できるように出来ているのですから、これを有効に使わない手はありません。しかし、食生活やストレスマネジメントでがんが消滅したという話をしても、がんの専門家は基本的に相手にしません。がんが発生するメカニズムを理解すれば、患者が本来持っている免疫力を高めることは、いずれの治療方法を行う場合であっても極めて重要だと思われますが、医療現場でそのような指導が行われることはほとんどありません。むしろ抗がん剤の効果を確認するため、患者が自己免疫を高めようとするのを快く思わない医者も多いと言われています。現代の医療はあくまで医療者側からの介入が中心で、患者はただ医者に言われた通りにしていれば良いというのが基本スタイルです。患者の状態管理については、精々「余計なことを考えず出された食事をちゃんと食べて十分休養を取ってください」と言われる程度です。

しかし先に触れたとおり、最近脚光を浴びている分子標的薬も結局は免疫システムが行っている機能のほんの一部を取り出して人為的に模倣しようというものです。したがって模倣した機能にがん細胞の特徴が一致すれば効果は期待できますが、特徴の異なるがん細胞には効かず、かえってがんを活性化させてしまう可能性もあります。しかも免疫機能の一部だけを取り出して強化するため、正常細胞への影響は避けられません。画期的新薬といわれるオプジーボも、リンパ球による免疫反応をコントロールするブレーキを人為的に外すことによってがん細胞への攻撃力を高めようというものですから、結果的にリンパ球の暴走を許すことになり、自己免疫疾患と同じ副作用が出てしまうのです。

今日標準的に行われているがん治療でも、手術がしやすいように抗がん剤を使うことはあっても、抗がん剤の副作用を軽減するために患者の生活を指導する、という話はほとんど聞きません。医者にとってはあくまで「敵であるがんと闘う」ことが基本であり、患者のＱＯＬは劣後するのです。患者を幸せにするための医療なら、ターゲットであるがんを小さくするために敵も味方も叩いてしまう乱暴な方法ではなく、患者自身の免疫力を高めるような研究をもっと推進すべきではないでしょうか。

超高齢社会においてがんとどう向き合うか

本来がんは、人生が終わるタイミングをあらかじめ想定することができるという特徴を持っています。また、がんはよほど特殊な部位に出来たものでなければ手足が動かなくなることはありません。したがって、適切に緩和ケアを行うことによって、これまでの生活を続けることが可能で、亡くなる直前までの時間を有効に使うことができます。

高齢者に対するがん治療は、「誰のため？　何のため？」と問いたくなるようなケースが少なくありません。莫大な医療費、研究費を使いながら患者の苦しみは一向に減りません。まさにインパール作戦そのものです。もう一度医療の原点に戻って、患者がもっと幸せになれるがんの治療方法を模索すべきです。特に高齢の患者にとって、残された時間を意義あるものにするという視点を加えることが重要ではないでしょうか。

4　認知症――お年寄りの役割と自由を奪うことで作られる

今や認知症は、先進国を中心に世界的なテーマとなりつつあり、高齢社会における最も困難な課題と言われています。ちなみに２０１２年時点で日本には約４６０万人の認知症患者がおり、２０２５年には７００万人に達すると言われています。東京都の調査によれば、要介護認定者の４分の３以上が何らかの認知症の症状を示しているそうです。また、慶応義塾大学の研究によれば、２０１４年時点で認知症に対する医療費は約１・９兆円ですが、介護費用や家族の負担も含めたコストの総額は、約14・５兆円と推計されています。こうした試算によれば、２０２５年には認知症がもたらす社会的コストは尋常でない規模となり、社会の根幹を揺るがしかねないインパクトを持つと考えられます。

介護保険制度が直面する課題

２０００年に導入された介護保険制度は、いわゆる「社会的入院」の受け皿を整備すると共に、自宅介護に苦しんできた家族の負担を軽減するという所期の目的はある程度達成したと思われます。しかしその一方で、給付金を上限まで使わなければ損といった風潮が高齢者の「依存」体質を惹起《じゃっき》し、「自律」を大きく損ねた面もあります。最近では、介護保険の給付額が多くなるよう、介護認定調査の面接リハーサルまで行われると聞きます。調査を担当する自治体の職員も、自分の対応で目の前の高齢者が受けられるサービスの額が決まるため、どうしても高齢者に「優しい」判断に傾いてしまいます。事実、介護費の伸びは医療費の伸びを遥かに上回っており、急速に財政の圧迫要因になりつつあるのです。この結果、比較的報酬が下がり難い医療のケースと異なり、介護の場合には給付額が大幅に削減されるため、現場の介護士の負担が急増し、就業環境も悪化しているのです。

一方、介護施設で暮す多くの入居者からは、「何もさせてもらえない」という悩みが聞かれます。施設では食事もお風呂も洗濯サービスも付いて安心という点は評価されます。しかし、介護給付額の削減に伴って個々のスタッフの業務負担が増え、時間内に決められた業務をこなさなければならないことから、高齢者の話や気持ちを聞く余裕がなくなっているという話もよく聞きます。この点は訪問介護ではさらに厳しい状況になっていると言われています。高齢者が何かしようとすると「危ないからやめて」と叱られるため、ただ大人しくしていなければならない状況が増えているようです。

認知症は自己防衛反応

あくまで個人的な意見として申し上げれば、最近急速に増えている認知症の多くは、病気というより、自分の存在価値を認めてもらえないストレスに対する高齢者の自己防衛反応ではないかと感じています。高齢者が認知症になるとQOL検査の結果が向上するという事実は何を意味するのでしょうか。社会的役割を持ち続けている高齢者や、畑仕事をしている高齢者に認知症が少ないことを考えれば、軽度認知症の方々を単に医療や介護の対象として社会から隔離してしまうといった対応を見直すべきではないかと思います。

最近、世界のメガファーマは、アルツハイマー型認知症の薬の開発から撤退しつつあります。特定の原因を突き止め、そこに介入することで「治そう」とした取り組みはいずれも期待した結果が出なかったようです。一時有力とされたアミロイドβ仮説（脳内にアミロイドβタンパク質が蓄積し、最終的に神経細胞の死や脳の萎縮をもたらし、アルツハイマー型認知症を引き起こすとする説）もその因果関係が疑問視されています。実際、脳内にアミロイドβが蓄積しても、認知症の症状を示さない人は少なくありません。様々な要因が複雑に絡み合った現象を単一因子型のアプローチで対応しようとする限り、狙った効果を得ることは難しいと思われます。

こうした治療薬の開発プロセスでは、興味深い事実が知られています。アルツハイマー治療の候補薬の多くが、実験室では効果が期待されたにもかかわらず、新薬を承認する治験プロセスの最終段階であるフェーズⅢ（第Ⅲ相試験）では、有意な結果が出ないのです。フェーズⅢでは、本物の候補薬と見た目も味もそっくりで全く効果のない偽物の薬（偽薬）を使って、候補薬が本当に有効かを確認する検査が行われます。治験では医者も患者もどちらを飲んでいるか知らせない状態で投与するという方法（二重盲検）が行われます。ところが多くの治験では候補薬が効かないのではなく、偽薬でも一定の効果が出てしまうのです。いわゆる「プラシーボ（偽薬）効果*」です。この結果、明確な比較効果が示せませんので治験としては失敗です。

薬の効果やメカニズムを専門に扱う薬理学会や製薬企業にとっては極めて重大な問題で、プラシーボ効果をいかに排除するかに力を入れています。しかし、本物の薬も偽薬も効果が出るということですから、薬のもたらす化学的な刺激より効果のある別の何かが影響していると考える方が自然です。治験を実施した方によれば、物忘れが始まりかけた高齢者にとって、薬物による刺激より毎日決まった時間に若い看護師さんから「○○さん、薬の時間ですよ」と声を掛けてもらえることの刺激が効くのでないかとのことでした。

認知症は脳の「進化」

こうした治験の失敗は極めて重要な示唆を与えています。つまり、認知症患者にとっては定期的な他人との関わりの方が、薬物による刺激より大きな影響を脳にもたらす可能性があるということです。この点について人工知能学者の黒川伊保子氏が興味深い指摘をしています。彼女によれば、認知症は病気ではなく脳の「進化」だというのです。脳は加齢に伴って、より効率的かつ省エネ型になり、生きていくために必要なことは忘れない一方、不必要なことや嫌なことは積極的に忘れるのだそうです。こうした脳の進化の延長線上に認知症があるというのです。先にも述べましたが、認知症になるとQOLが向上することはよく知られています。

黒川氏の説は今後学術的に検証されることになると思いますが、実際に多くのお年寄り

＊プラシーボ（偽薬）効果
本来は薬として効く成分を含まない、見せかけの薬（偽薬）を投与したにも関わらず、病気が快方に向かったり治癒したりすること。詳しいメカニズムは不明だが、「薬を飲んだ」という安心感が、体に本来備わった自然治癒力などを引き出すと考えられている。

の方々と接した経験からは納得感があります。不要なものを捨て、必要なものだけを残すことで環境に適応する仕組みは、生物本来の在り方です。生存に必要な機能だけを残して不要な機能やストレスを感じる部分は積極的に捨て、著しく省エネで幸せを感じる脳になった状態が認知症というわけです。以前からよく耳にすることですが、「夫が認知症になっても最後まで妻のことは忘れないが、妻が認知症になると最初に忘れるのは夫のこと」という話は決して単なるジョークではないと思います。夫にとって妻は生きるために不可欠な存在である一方、妻にとって夫はストレスそのものということでしょう。

また、がんと認知症が「逆相関」にあることはよく知られています。具体的には、がん患者には認知症の症状を示す方が少なく、同時に認知症患者にはがんを発症している方が少ないのです。因果関係はまだ証明されていませんが、強いストレスを感じている人は、免疫細胞の機能が低下する結果がんになり、他方、認知症になってストレスから解放され、免疫細胞の活性が高まっている人はがんになり難いといった解釈もできるのではないでしょうか。ちなみにストレスとは、必ずしも自分が自覚しているものだけとは限りません。頭では納得しているつもりでも潜在意識の中では不満を感じていることも多いため、なぜ自分が認知症になったのか分からないケースも少なくないと思われます。

自分の役割を持ち続けることが認知症予防に

自分が社会的に価値のないことを認識させられるのは、「社会的存在」である人間にとっては極めて大きなストレスでしょう。定年になったら会社を辞めなければならないことは、頭で理解していても心が納得しません。「自分はもっと働けるのに」、「自分は彼らよりもっと役に立つのに」と思いつつ、定年後を悶々《もんもん》として過ごしている高齢者は少なくないと思われます。急速に増える認知症が都会に多いのは、単に高齢者の数が多いからだけではないと思います。周りを見ても知的な仕事をしていた人や社会的地位の高い人がその役割を失った時、急速に認知症の症状が進む気がします。「自分に価値がない」と感じるストレスから自らを解放するため、自分の脳を壊していくのではないでしょうか。こうした人が認知症になると、本人はストレスから解放されますが、周りにとっては悲劇です。現役時代から仕事以外に人とのつながりを持たないで生きてきた男性は要注意です。

反対に、歳をとっても友人や社会とのつながりを保ち、社会的存在としての自分の居場所を確保することに長《た》けている女性は、同じ年齢で比較すると男性に比べて認知症になり難いと言われています。独り暮らしで身の周りのことを自分で行わなければならない人も結果的に認知症のリスクを下げていると思われます。最近、在宅医療を専門に行っている医者から伺った話では、リスクが高いのは独居老人よりも家族の中で孤立しているお年寄りとのことでした。他方、アカデミアによる調査研究では、町内会やボランティア活動に積極的な高齢者ほど認知症になりにくく、会長などの役に就いている人は、さらにそのリスクが小さくなるという報告もありました。

人は、誰かの役に立っていると思うことで幸せを感じることができます。ボランティアなどの社会貢献を通じ、「ありがとう」と言われる環境が大切なのです。そこに若干の収入が得られるなど、経済活動への緩やかな参加が伴えば、「生涯現役」でいることが可能となり、自律した存在としての尊厳も保たれます。

もちろん、生涯現役を実現したとしても認知症をゼロにすることは無理でしょう。発症した場合には、当然手厚いケアが行われるべきです。本人もさることながら、家族や周囲の人々のためにも、十分な資源を投入して適切な居場所とサービスを用意すべきことは言うまでもありません。他方、少しでも認知症の発症を遅らせることができれば、医療費や介護費は大きく軽減されます。ここで浮いた資金を使って認知症に対する十分なサポートを実現することができれば、社会全体を安定化させることが可能になると思います。

5　処方箋――患者をもっと幸せにするために

今後の社会保障制度を考えるにあたって、大きなインパクトを持つ三つの疾患について専門家とは異なる視点から述べてきました。次にそれらの性質に応じた対応策、つまり〝処方箋〟を考えてみたいと思います。

まず2型糖尿病は、適切な食事と運動を通じた「予防」をいかに実現するかです。肝心なのは、健康に関心がない、もしくは関心はあっても忙しくて対応できない人々の行動をどのように変えるか。そのポイントは、「健康」を目的にしないことです。

人は、健康を失うまでその価値に気づかないものです。特に、若い世代に対して健康を「目的」に据えても実感が湧きません。しかも、「健康」イコール「我慢」というイメージがつきまといますから、かえって敬遠したくなります。現実の生活の中ではもっと優先すべき問題が沢山ありますので、どうしても健康は後回しになります。したがって、彼らの生活における優先順位を変えるための「環境」の整備が必要です。特に、若い頃からの健康管理の習慣がその後の人生を大きく左右しますので、一日のかなりの時間を過ごす職場の環境を変えることは、特に重要です。また、退職後も生活の中に運動と食事をうまく取り込むことで、気づかないうちに健康を維持することになる仕組みの構築も必要です。

　がんに関しては、何といっても医者と患者の間の情報格差を縮めなければなりません。しかし、現状では医者にとって患者に正確な情報を積極的に伝えようというモチベーションが低いのが実情です。そこで「効いた抗がん剤にしか薬剤費を支払わず、同時に効いた薬の薬価を大幅に引き上げる」制度（後述）を導入してはどうでしょうか。医療費の本人負担分を支払ってもらうためには、医者の言う「効く」と患者が期待する「効く」に齟齬《そご》があってはいけません。これは同時に製薬会社にとっては、どのような患者に薬が効くのかについての研究が収益に直結することを意味します。またＭＲにとっても、どのような条件の患者を選ぶべきかについて、医者に積極的に情報提供することが重要になります。

　こうした環境が整うことによって、がん治療は、患者のＱＯＬを高める方向へと大きく軸足を移すことになると考えられます。積極的にがんと闘う場合であっても、本人や家族が治療の意義や効果を十分理解することは重要です。特に、患者自身の免疫細胞を活性化する観点からも、患者自身が納得感をもって治療に参加することは極めて重要です。

認知症に関しては、薬だけに頼るのではなく、高齢者から役割と自由を奪わない環境づくりが必要です。人は誰かの役に立っていると実感し、相手に感謝されることで幸せを感じることができます。ボランティアなどの社会貢献を通じて「ありがとう」と言われる環境作りが大切です。そこにやりたいことをする自由と経済活動への緩やかな参加が伴えば、自律した存在としての尊厳も保たれます。そうして「役に立ちたい」、「尊敬されたい」といった欲求を社会に活かし、自信を取り戻せる環境を整えることができれば、社会全体としても認知症の予防になると思われます。見つからない薬を探すのではなく、「生涯現役社会」を創ることが、認知症やフレイルの予防になります。これは、社会を挙げて取り組むべきテーマであり、地域包括ケアの重要テーマではないでしょうか。

以上三つの疾患対応に共通する考え方は、「患者をもっと幸せにする」ことです。超高齢社会においては、「2周目の人生をいかに豊かなものにするか」という観点が重要です。以下では、社会保障制度を支える重要なプレーヤーや機能について、それらが抱える課題と今後期待される役割について述べてみたいと思います。

医療の役割は「治す」から「導く」へ

高齢化の進展や主たる疾患の性質が変化したことに伴い、医療の役割も見直されることになります。ただし、社会環境が変わり人々の健康を維持する「予防」や「管理」への取り組みが基本になっても、医者の重要性は変わりません。一方で、いかなる時も「治す」ことだけをめざす医療は限界です。「治せない」のに治す努力を強いられる医療関係者も、治らないのに治ることを願って奔走する患者やその家族も共に不幸です。老化や生活習慣に起因する多くの疾患は薬や手術では「治せない」という現実を真摯に受け止め、医療の主たる目的を「予防」や「管理」へと移す時が来ています。感染症のように効果的な治療薬が見つかっていた疾患も、耐性菌の出現などによって、単に薬を処方することが中心の医療から新たなステージへの転換を求められつつあります。

糖尿病をはじめとする生活習慣病は、いったん重症化すると完治は難しく、生涯にわたって治療が続くことになります。したがって、健康診断を徹底すると共に、いわゆる「未病」と呼ばれる段階から患者の生活管理に重点を置く取り組みが必要です。これには、日々のデータを計測するウェアラブル端末などのデバイスや、ＡＩ（人工知能）、ＩｏＴ

（インターネットオブシシング）などシステムの活用が不可欠になります。

診療報酬体系も治療を前提とした出来高払いではなく、疾病群別包括払い制度（DPC）*はもちろん、総合診療医（GP）**を基本とするペイ・フォー・パフォーマンス***の導入も検討すべきでしょう。生活習慣病が重症化すると患者にも社会にも重い負担が生じることを考えれば、生活管理の診療報酬を高めに設定しても十分価値があると思います。

こうした医療の進化を担うのが、「かかりつけ医」です。「かかりつけ医」には、地域住民の健康状態を継続的にフォローする役割が求められます。健康な時から患者と関わり、適切な指導と管理によって病気の発症を食い止めることが期待されます。

その「かかりつけ医」を支えるのが、全医療機関をつなぐ医療情報ネットワークです。各地で同時進行する検査・診療内容を把握し、過去に見られた他の患者の類似の症状や、

＊疾病群別包括払い制度（Diagnosis Procedure Combination）
特定機能病院を対象に導入が始まった、急性期入院医療を対象とした診療報酬の包括評価制度。

＊＊総合診療医（General Practitioner）
病気を心身から全体的に診療する医師。病気の予防にも携わる。

＊＊＊ペイ・フォー・パフォーマンス（Pay for Performance）
良い治療成果を上げた医師に対し金銭的インセンティブを与えること。

患者の健診データと対応させ、それらの相関性を基に候補となる診療内容が提示されるというものです。ＩｏＴやＡＩを使うことで、数百名の患者を対象に24時間３６５日の管理や指導が可能になる一方で、医者の負担は大きく軽減されます。薬局でもＩｏＴによって同時多数の管理が可能になり、処方段階で禁忌の薬や重複投与が瞬時にチェックできます。この結果医療過誤のリスクは大幅に減ります。このような仕組みは決して絵空事ではなく、東欧のエストニアを始めいくつかの国では既に実装し、高い効果を上げています。

後ほど詳しく述べますが、医療分野におけるＩＴ化の意義は、単に医療の現場に便利なツールを提供することではありません。すべての治療データを医療関係者間で共有することで、医療を「サイエンス」(科学)のステージへと推し進めることにあります。これまでの医療は、過去の医学的知識に個々の医者が自身の経験に基づいた修正を加え、進化させてきた「アート」(技能)です。がんやうつ病など「あれがだめならこれを試す」手探り型の治療の根本もそこにあります。医者は、患者の治療結果を経験値として蓄積し、自身の研鑽には役立てますが、一部を除いて医療関係者の間で共有されることはありません。

サイエンスの絶対条件は「再現性」です。つまり同じ作用からは同じ結果が保証されなければなりません。サイエンスとしての医療が実現することで「予防」や「管理」を主体とした医療を提供する「かかりつけ医」の機能は飛躍的に高まるのです。

今後、生活習慣病や老化が医療の中心となるなか、健康な状態から病気を経て亡くなるまで全体を通じた健康・医療サービスは、ますます重要になると考えられます。

医薬品の在り方

「二つの良薬は、千人の名医に勝る」と言われます。特に感染症の治療において医薬品は極めて重要な存在であり、医薬品産業が果たした役割には大いに敬意を表すべきです。

一方で、医薬品市場には費用対効果の低い商品が溢れています。例えば、既に見た通り、抗がん剤は投与した患者の4分の3に効果がなく、副作用だけ生じさせています。製薬会社が「効果なし」と認めている医薬品の割合から計算すると、効いていない薬に対して年間1兆円以上が支払われています。残念ながら製薬会社のビジネスモデルは効かない患者の存在を前提に成り立っており、「顧客満足度の最大化」に向けた取り組みが希薄です。

その背景にあるのは、医薬品産業が有する二つの特殊性です。

一つ目は、公定価格が前提となっているためコスト意識が低いことです。研究開発にかけたコストは薬価算定の根拠となるため、コスト削減のモチベーションは低いと言われています。この結果、開発コストは青天井で新薬は高くて当たり前という内輪の論理が蔓延しています。他方、審査当局は臨床試験による事前チェックを徹底し、「レギュラトリ・サイエンス」によって一定の効果を確認することに全力を挙げてきました。これに対して製薬会社は、審査当局の要求にオーバースペックで応えることでハードルを上げ、後に続くライバル会社の参入障壁を作ってきた側面があります。こうした対応は、感染症（外的・単一因子疾患）に対する特効薬の時代まではある程度機能したのでしょうが、生活習慣病や老化型疾患（内的・複数因子疾患）では、大きな足枷になっています。わずかな薬効の統計的有意性（偶然ではないこと）の差を示すには、膨大な症例数の臨床試験が必要です。治験で膨れ上がったコストは、薬価で吸収するにはあまりに高くなっているのです。

ある大手製薬会社では、開発中の製品について、「この薬はいくら位になるか」と訊かれても誰も答えられなかったそうです。本来、市場調査に基づき価格と供給量を検討して利益最大化を狙う「値決め」こそビジネスの根幹です。自分の製品にどれだけの価値があるかを測る重要な行為だからです。医薬品の価格は国が決めてくれますので、プロセスにおける費用対効果を考慮する必要はありません。そのようにして医薬品市場は、開発コストの上昇に起因する高価な新薬が投入されることで膨れ上がっているのです。

二つ目の特殊性は、製薬会社にとっての直接の顧客は医者であって患者ではないということです。手探り型で医療を行っている医者は、選択肢が多いことを喜びます。保険収載された医薬品であれば、医者は基本的に値段のことは考えなくて済むのでなおさらです。この結果、製薬会社が利益最大化を図ろうとすれば、新薬が承認された後はMRを使ってできるだけ多くの医者に新薬を使ってもらうことが基本的なビジネスモデルになります。ただしこのことは、決して製薬会社が悪いのではなく、日本の医療制度の下で利益最大化を図ろうとすれば極めて合理的な行動なのです。

しかし、主たる疾患の変化に伴って医療が変化を迫られている今、製薬業界もビジネスモデルの転換が必要です。「患者」を顧客として定義し直し、海外の大手製薬会社が始めたように「効いた薬にしかお金を請求しない」仕組みを導入すべきです。この場合、先に述べたように、効果の高い治療薬の価格を引き上げる制度の導入が同時に行われることが前提になります。

こうした制度の導入によって、製薬会社にとっては、薬の効く可能性の高い患者を選別する必要性が高まるため、マーカー（疾病や生理的状態の目印となる物質）や診断機器開発のニーズが大幅に高まります。さらに、栄養管理、運動指導やストレスマネジメントにより、薬の効きやすい状態に患者をコントロールする技術も必要になります。結果的にあらゆる関係者が「患者を幸せにする」方向に向かって動き出すことになるのです。

日本には、画像診断やセンサーなどの要素技術は豊富にありますので、新たなニーズの高まりによって医療関連ベンチャー企業の育成が期待されます。特に、患者（予備群）の健康管理と投薬を組み合わせる新たな医療サービスは、クオリティの高いデータの収集によってＡＩに担わせることも可能であり、医療分野における日本の競争力向上につながると思われます。こうした技術は、医療の手前にあるヘルスケア産業とも連続性を持つことから、市場のポテンシャルはさらに大きくなると言えるでしょう。

ここで生み出される製品やサービスは、生活習慣病が急速に拡大しているアジアの国々にも大きなニーズがあり、日本が新たな医療機器や医療関連サービスの拠点となって世界をリードすることも可能になります。

医療ＩＴ化の問題点と今後の方向性

今やほとんどの医療機関に何らかのコンピュータシステムが普及していますが、現実の医療サービスにおいて、これらコンピュータシステムの能力が十分活かされているとは言い難い状況にあります。特に2000年頃からの急速なIT化の流れは、いわゆる「レガシーシステム」と呼ばれる個別医療機関完結型のシステムとして現状を固定化してしまいました。広く普及したように見える電子カルテも、詳細な所見や診断内容が記載されるのではなく、コピー&ペーストによる事務作業の効率化がインセンティブとなっており、もっぱらレセプトデータとの整合性に重きが置かれ、カルテ本来の役割を果たしているのか疑問との声も上がっています。

この背景には、そもそも日本の医療サービス自体が、個別医療機関どころか担当する個々の医者によって完結するスタイルであることが挙げられます。こうした業務体系を見直すことなくIT化を進めた結果、医療機関ごとにバラバラのシステムが導入されたばかりでなく、個別の医者の業務スタイルに合わせたカスタマイズも加わって、情報システムが本来持つ業務効率化を阻む原因になっているのです。

ITベンダーは、ITシステムに明るくない医者の希望をそのままシステムに落とし込むことで収益を拡大すると共に、顧客の囲い込みを実現してきたのです。こうした問題はIT化の黎明《れいめい》期には他の産業でも生じましたが、その後ユーザー企業による業務改革を通じて徐々に克服されてきました。しかし、医療分野においては旧態依然として業務体系が変わらないため、膨大なＩＴ投資も効果を発揮できない状態が続いています。今後、医療サービスの発展に、ＩｏＴ、ＡＩといった情報技術の活用は不可欠になりますが、医療機関におけるＢＰＲ（Business Process Re-engineering、業務改革）の取り組みがなされないままさらなるシステム導入を図ることは、極めて危険と言わざるを得ません。

医療業務のＢＰＲを図り、ＩＴの持つ機能を発揮させる際に大きなネックとなるのが、健康・医療情報に対する現場の医者の対応です。個々の患者に対する診断・治療は、担当医が責任を持って行うため、自分の判断の根拠となるデータの選択には自ずと慎重になると言われています。「3時間待ち3分診療」と言われる医療現場では、多くのデータを比較衡量する時間的余裕もないことから、現実には自らが取得を指示したのではない外部の検査データを活用することは期待できません。

ＩＴの本質は「双方向性」にあり、医療機関は医療情報の利用者としての側面と同時に、情報の発信者としての役割を担っています。このためにも、患者を特定する医療等ＩＤが議論される環境下でＩＴを活用した医療サービスの在り方を見直すことが必要です。今後ＡＩなど新たなＩＴシステムを活用するには、医療分野におけるＢＰＲを進めると共に、クオリティデータを効率的に収集・利用・提供するメカニズムの構築が必要になります。

つまり、医療分野におけるＩＴ化の意義は、単に個々の診療行為をサポートする便利なツールを提供することではなく、医療の在り方を大きく進化させることなのです。

今後、生活習慣病や老化など複数の要因（マルチファクター）が関連する疾患への対応が中心になれば、量子コンピュータを用いた「多変数解析技術」は、医療にとって不可欠なものになります。まさにＡＩの本領が発揮されるのです。さらに、ＩＴ化がその機能を十分に果たすことができれば、ＩｏＴを用いてすべての治療行為に関するデータや治療結果の共有やフィードバック、予後の状態も含めた患者の生涯データとの突き合わせによってサイエンスとしての医療が成立することになります。

先に述べた通りサイエンスの本質は「再現性」です。全医療機関をつなぐ情報ネットワークの構築により、同時に進行する複数の治療行為から相関性を把握し、結果の予測も含めた共通の診断候補が提示されるといった、全医療機関を頭脳とする常に進化し続ける医療システムが生まれることになるのです。こうした未来の医療の姿を医療関係者が共有しつつ、改めてＩＴ化を進めることができれば、医療は大きく進化することになります。

しかしながら、医療機関自らが業務改革を実現し、ＩＴシステムを刷新することは容易ではありません。これまでも、既存のシステムをつなぐ共通プラットフォームを整備することによって、医療データの共有化を図り、医療サービスの効率化につなげようとの取り組みが行われてきましたが、ほとんど成功していません。

効率的なシステムを構築するためには、情報の入力段階からのデータ形式の統一が必要です。これまで政府は、システム間の情報共有化のためのプラットフォームの整備を何度も行ってきましたが、いずれも失敗に終わりました。その理由は、プラットフォームのためのルール作りを議論している間に技術がどんどん進歩してしまうため、最新技術が市場を奪ってしまい、データの共通化が図れないというものでした。

しかし、このままではせっかくの医療情報も活かすことができません。今後医療分野で用いるITシステムは、入力方式や用語の統一など徹底したルール化が必要となります。このためには、過去のデータを活用するより今後得られるデータの価値を考え、システムの共通化、スリム化を図れるかがカギとなります。データもたくさんの種類を集めるのではなく、生活管理につながる正確なデータを継続的に取得できるかが重要になります。

以上、縷々《るる》申し上げてきたことは、専門家からは荒唐無稽に聞こえるかもしれませんが、そのほとんどが医療や介護現場の方々の声を整理したものです。医療関係者の誰もが心の中では「このまま進めば大変なことになる」と気づいています。しかし、「今まで通り頑張っていれば誰かが何とかしてくれる」と思っていると、太平洋戦争と同じ轍《てつ》を踏むことになります。あの時、軍人も政治家も「このままではいけない」と分かっていながら、「そんなことはとても言えない」という社会の空気に流されました。現状を肯定し、現場の努力を美化する声は一見もっともらしく聞こえます。戦局が悪化しても敗戦を口にすることは、「今、戦地で必死に戦っている将兵や、御国のために命を捧げた英霊に対する冒瀆だ！」との論調に誰もが沈黙し、何もできないまま破たんを迎えたのです。

自ら一歩を踏み出すのはとても勇気の要ることです。しかし、思い切って行動すると、社会は必ず応えてくれます。助けてくれる誰かが必ず現れます。必要なのは、批判を怖れず勇気を持って正しいと信じる道を進むことです。今がその時ではないでしょうか。

第三章

社会は変えられる！
――時代に合わない「制度」、業界の「常識」への挑戦

1　社会の変化に対応できるか

第一章では、日本が世界で最初に突入した「超高齢社会」が、実は人々が健康長寿を望んだ結果であり、本来は喜ばしいことだと述べました。しかし直ちに「それは詭弁だ」、「素晴らしい高齢社会など『絵に描いた餅』だ」との批判があるでしょう。また、第二章では、「治す」医療から「予防」や「管理」を基本とする医療への転換、効いた薬にだけ

薬剤費を支払う制度の導入、医療分野におけるＩＴシステムの入力方式からの統一などについて提案しました。これらにはさらに厳しい批判があるでしょう。なぜなら、多くの人々は、制度や慣行は変わらないもの、変えてはいけないものだと思っているからです。その分野に長く携わってきた人にとってはなおさらでしょう。

しかし、社会の仕組みを変えることは決して不可能ではありません。人類の理想を実現したとも言える「国民皆保険制度」の破たんを回避し、次の世代の人たちもその恩恵を享受できるようにすることは、私たちの世代の責務です。そのために為すべきことも、通るべきルートも、乗り越えるべき障害も見えています。問題は、私たちが勇気と覚悟をもってその一歩を踏み出すか否かです。

ただし、長い時間をかけて築き上げられてきた制度や慣行には一定の合理性があります。良くも悪くも現実社会はそれらを前提に動いており、多少問題があるからと言って軽々に変えて良いものではありません。他方、当事者から見ても実情に合わなくなっていると感じながら営々と続けられている制度や慣行も少なくありません。

これまで30年近く行政に携わるなかで、当初は社会的に必要とされた制度が、時代や環境の変化によって産業の足を引っ張り、国民の利益を妨げている事例に何度も突き当たりました。その一方で、それらが決して乗り越えられない壁ではないことも学んできました。今でも時々、「どうしてあのような改革が実現できたのか」と尋ねられることも多いのですが、何か特別な方法があったわけではありません。ただ、それらに共通していることは、誰かがやらなければならない課題だと確信したことです。時には「越権行為」と非難され、もうダメだと諦めかけたことも多々ありました。それでもその課題を知ってしまった以上、何とかできないかと模索しているうちに、結果的に制度改革に辿り着いただけなのです。

この第三章では、社会を動かし仕組みや制度を変えることが、決して不可能ではないと理解していただくために、これまで私が実際に経験してきたいくつかの事例をエピソード的に紹介したいと思います。どの事例も周りからは「絶対に無理」と言われ、関係者からは口を出すことさえ迷惑がられたものばかりです。ただ、思い切って取り組んでみると、必ず応援してくれる人が現れました。万策尽きてもうダメかと思う度に、思いがけない所から救いの手が差し伸べられました。どの事例も最初から多くの賛同者がいたわけではありません。経験則的に申し上げれば、信頼できる仲間が3人いれば社会は変えられます。現在、難しい課題に直面して対応すべきか否かを悩んでいる方にとって、少しでも参考になれば幸いです。

私が携わった制度改革のなかで、比較的新しいテーマが、「再生医療」を巡る一連の法整備です。再生医療はｉＰＳ細胞の研究によって山中伸弥教授がノーベル賞を受賞されたことで一躍有名になりましたが、世界的にも、医療の概念を変える画期的な治療法として大いに期待されています。再生医療を推進するため、２０１４年に旧薬事法が改正され「医薬品医療機器等法」（薬機法）となり、同時に「再生医療等安全性確保法」が制定されました。今や再生医療の分野では、日本は世界で最も進んだ法体系を有する国、との評価を受けています。しかし、この法制度の整備は決して平坦な道程ではありませんでした。

再生医療との関わりは、２０１２年4月に出向先の岐阜県庁から経済産業省に復帰した時からでした。生物化学産業課長に着任したばかりの私に命じられたのは、「再生医療を実用化せよ」とのミッションでした。当時から医療分野は、将来を担う成長産業と認識されており、特に日本にも強みがあると思われた再生医療への期待は高かったものの、実用化はほとんど進んでいませんでした。

新たなミッションに取り組むため、まずは再生医療分野の研究者や事業者の方々の話を伺うところからスタートしました。多くの専門家の話を聞くうちに、再生医療という新しい治療方法には現行の法制度は適さないと感じるようになりました。再生医療について学べば学ぶほど「無理に制度を適用するのではなく、制度そのものを見直すべき」との確信が深まりました。特に、当時まだ患者自身の細胞を使うのが基本だった再生医療に、その承認にあたって、化学物質を用いた医薬品と同様の審査基準を満たすよう要求することに違和感を覚えました。「自分の細胞を使って治療をするのに、なぜ他の患者と比較する治験が必要なのですか」と尋ねると、誰もが驚いて「だってこれ、薬事法ですよ！」と言うのです。その後、何度この言葉を聞かされたことでしょう。

当時、ビジネスを担当する経産省が、医療分野に口を出すことに対する拒否感は強く、まして薬事法で定められたルールを変えようなどという「常識外れ」の提案に、多くの方々からお叱りや忠告を受けました。それでも粘り強く議論を重ねるうちに、厚生労働省とも徐々に認識を共有できるようになりました。その後2年あまりで法制度も整備され、再生医療は薬や医療機器から切り離され、「薬事法」という名前も変わりました。この辺りの経緯は、後ほど詳しく述べることにします。

一連の法整備の結果、再生医療の実用化に向けた流れは大きく加速しました。２０１５年春にフィラデルフィアで開催された再生医療に関する国際会議では、セッションの多くの部分を「日本の法制度」に関するテーマが占めました。海外の製薬企業や医療機関では、日本の制度をどのように活用するか、日本の企業や研究機関といかに連携するかといった点に関心が集まりました。今では米国でも日本に倣《なら》って法制度の整備に向けた取り組みが始まっています。

今回の一連の法整備は、「医療」という経産省にとって縁遠い分野での仕事でしたが、それに携わるなかで、どこか「懐かしさ」を感じていました。この仕事に最後まで諦めずに取り組めたのは、入省以来の様々な経験があったからだと思います。

2　おかしいことはおかしい！

振り返ってみれば、行政の仕事に携わるなかで「おかしいことはおかしいと主張する」、「引くべきところは引く」、「信念を持って誠実に取り組めば、必ず誰かが助けてくれる」ことを学びました。こうした経験によって、障害を乗り越えるためにはどうするべきかの基本スタンスが形成され、今日まで様々な課題に取り組んで来られたように思います。

不公正貿易報告書の作成

私は1989年（平成元年）、通商産業省（現：経済産業省）に入省し通商政策局の総務課に配属されました。当時は日米貿易摩擦の真っ只中で、日本は米国の貿易赤字削減のために整備された「米国通商法スーパー301条」の標的となっていました。さらに、日本の制度や商慣行など、外国企業が日本市場に参入する際の貿易障壁を取り除くことを目的とした「日米構造協議」が始まり、連日厳しい交渉が行われていました。同じ課の中では、「環太平洋経済協力会議（後のAPEC）」の立ち上げ準備も行われており、国際的な貿易ルールを決めるGATT（現：WTO）のウルグアイラウンド交渉も行われていました。

1980年代の日本は、「ジャパン・アズ・ナンバー1」と呼ばれ、世界一の競争力を持つ日本企業の活躍の下、国内はバブル経済に沸いていました。毎年貿易黒字が拡大し、マンハッタンの不動産は日本企業が買い占めるかのような勢いでした。一方で、欧米からは、日本は不公正な制度や商慣行によって国内企業を保護し、輸出拡大によって不当な利益を得ている国との評価を受け、ジャパンバッシング（日本叩き）が広がっていました。テレビのニュースでは、日本製の自動車や家電製品をハンマーでたたき壊す米国労働者の姿が度々放映されていました。

米国通商代表部（USTR）との交渉に参加していた先輩からは、交渉の席に着こうとすると「また嘘つきの話を聞かされるのか」と米国側から聞こえよがしに嫌味を言われるといった話も聞きました。当時の日本では、こうしたジャパンバッシングや輸入拡大への圧力は膨大な貿易黒字の代償のようにも受け取られ、ひたすら頭を低くして輸入拡大努力を行い、欧米の理解を求めるというスタンスに終始していたように思います。

通商政策局のなかでは、「日本はこのまま欧米に一方的に叩かれているだけで良いのか。対等な立場で彼らの貿易上の問題点を指摘すべきではないか」といった議論がありましたが、猛烈なジャパンバッシングの嵐のなかで、幾度となくかき消されてきました。

当時の通商政策局内の業務は、欧米と交渉しながら、国内産業や規制官庁に対してどこまでなら欧米の要求を受け入れられるかを調整することが基本になっていました。そんな空気の中では、欧米に議論を仕掛けるなどもっての外、そんなことをしたらもっと激しいバッシングを受け、ようやく築いてきた信頼関係を壊してしまいかねないとの意見も多かったのです。通商政策局内は欧米との良好な関係維持を主張する欧州派の幹部と、はっきりと言うべきことは言おうと主張する米国派の幹部が対立していました。

そんななか、欧米の貿易上の不公正慣行を調査する特命チームの設置が決まったのです。

チームの名称は「公正貿易推進室」。専任スタッフは私一人で、室長以下残りのメンバーはすべて「併任」というものでした。「室」といっても物理的な部屋があるわけではなく、通商関税課長が室長を兼務することになったため、通商関税課に机が一つ置かれただけでした。与えられたミッションは、「欧米諸国が行っている不公正貿易慣行を洗い出せ」というだけで、具体的に何をどうするのかは決まっていません。他の室員はすべて別の仕事を持っていたため、唯一の実働部隊として右も左も分からないまま手探りでの作業です。

まずは米国や欧州を担当する課の資料ロッカーを開けて情報収集するところから始めました。早速欧州担当の課長に見つかって、「お前、課員でもないのに勝手にロッカーを開けるな！」と叱られる始末。そこで課長のいない深夜にこっそり資料を借りに行く日々が続きました。課員の皆さんは見て見ぬ振りをしてくださり、アドバイスもいただきました。そのうち、「こんな情報があるけど、使えますか」と重要な資料を持ってきてくださるようになりました。「こんなことをしたら、課長に怒られませんか」と訊くと、「いえ。課長が江崎さんの所へ持って行けと言ったんです」と。こうして関係各課の力を借りて情報を集めると共に、有識者による研究会、シンクタンクを通じた情報収集、商社などから提供される情報を積み上げながら報告書はまとまっていきました。

驚いたことに、調査を進めるにしたがって、欧米諸国にも非関税障壁が沢山あることが分かってきました。例えば、ＥＵで有害物質の使用を理由に輸入差し止めとなった日本製家電のケースでは、問題とされた有害物質は、製品の本体や重要部品に使用されているのではなく、内部の電子基盤につないだリード線の皮膜に印字してあるインクの原料でした。

また、全品検査を義務づけられた日本製品のケースでは、膨大な数の輸入製品に対して検査官を１人しか配置せず、勤務時間も厳格に制限して流れを滞らせるなど、驚くような事例が沢山出てきたのです。欧米の主張や連日の報道だけを聞いていると、知らず知らずのうちに、日本だけが不公正であるかのような印象を持ってしまうのですが、事実をしっかり把握することがいかに大切かを痛感しました。

しかし、報告書がほぼ出来上がったところで、欧州派の幹部の部屋に呼ばれ、「こんな報告書を作ってどうする気だ！　これまで苦労して築いてきた欧米との関係をぶち壊しにする気か。この報告書は内部資料として絶対に公表するな！」と激しく叱責されました。

結局、報告書を公表するか否かで局内の意見がまとまらず、大臣官房の裁定を仰ぐことになりました。官房総務課長は、背景や目的、賛成派反対派の意見について目を閉じたまま終始無言で説明を聞き、説明が終わると、一言だけ、「いい仕事じゃないか、やれよ」と言われました。こうして報告書の内容は公表されることになりましたが、いきなり通産省の名前で出すのは危険だとの意見に配慮して、民間の研究機関である「公正貿易センター」から通商産業大臣への提言という形式を採りました。兎《と》にも角にも世に問うことで交渉環境を変えたいという思いは実現することになりました。

この報告書の公表後、ネガティブな反応はほとんどありませんでした。それどころか報告書の公表後間もなく開催されたGATTの交渉に参加していた室長は、GATT事務局長から「日本からこうした報告書が出るようになっては、我々も気楽に日本を叩いているばかりではいられないな」と言われたそうです。その後も当初心配されたようなジャパンバッシングに拍車が掛かるようなことはありませんでした。この結果、翌年からは通産省の正式な報告書と位置づけられることになり、以後対象国や分野を拡大しながら今日まで毎年発表され続けています。

最初の報告書の発表から7年近くが経ち、英国に留学していた際には思いがけないことがありました。大学に付属する国際問題研究所の方が、通産省の職員が留学に来ていることを聞きつけ、教えてほしいことがあるとアプローチして来たのです。彼は、「日本の通商政策を研究している。このエポックメイキングな報告書は民間の研究所から政府への提言というスタイルを取っているが、我々は日本政府が仕掛けたのではないかと睨《にら》んでいるが何か知らないか」と言って資料を差し出しました。それはまさに「不公正貿易報告書」の初版本の英語版でした。この報告書は、作成段階から英語版を先に作りそれを日本語にするという方法を採っていましたので、まさに初版の正本でした。当時の英文作成ソフトやパソコンの性能は低かったため、作業中何度も画面がフリーズし、データが飛んでしまう悲劇に見舞われながら、毎晩明け方近くまでキーボードを叩いたことが鮮明に思い出されました。難産の末に産まれた我が子に地球の裏側で再会を果たしたような思いでした。苦労して伝えようとしたメッセージは、外国にも確実に伝わるのだと実感した瞬間でした。

この「不公正貿易報告書」を取りまとめる過程で、「信頼関係に基づいて仕事をする」、「引くべき所は引く」ことの大切さも学びました。実は、不公正貿易報告書の初版には、「幻の第4章」があったのです。テーマは「農業」です。

当時日本は、コメを一粒たりとも輸入しないことが閉鎖性の象徴のように喧伝《けんでん》されており、その見返りとして牛肉、オレンジを筆頭に農産物に対する厳しい輸入拡大交渉が行われていました。この仕事を始めた当初、米国は自由貿易の国で、市場は常にオープンであるかのようなイメージを持っていましたが、調べてみると、米国は砂糖と落花生の輸入を全く認めていない一方で外国には大量に輸出していました。日本はコメの輸入は認めない代わりに輸出もゼロでしたので、米国の方がよほど不公正ではないかと驚きました。自由貿易を標榜する米国は、自国の農業保護のために数多くの輸入規制を設けていたのです。しかし、米国の交渉担当者はそのようなことをおくびにも出さず、ひたすら日本の問題点を攻撃していました。

農業分野の調査を進めるうちに、通産省が米国の農業政策を叩くらしいとの噂が広まり、米国大使館などからアプローチが来るようになりました。それが日本の農林水産省にも伝わり、通産省がなぜ農業分野に口を出すのだと激しいクレームが来ました。しかし米国の不公正貿易慣行を指摘する上でこれほど分かりやすい輸入障壁はありませんので、こちらも簡単には引き下がれません。

農業分野の取り扱いについて農水省との調整は難航し、課長レベルでの交渉でも折り合いが付かず、最終的に局長折衝で決着を図ることになりました。折衝は電話会談となり、関係者が局長室に集められました。局長からは、「色々苦労してきたと思うが、最終的な判断は私に任せてくれますか」と言われ、張り詰めた空気の中で電話折衝が始まりました。先方は農水省の経済局長でした。電話折衝は、それまでの事務方レベルでの激しい応酬とは打って変わって終始穏やかな口調でのやり取りが続き、最後に「そうですか。ありがとうございます」と言って電話が切られました。きょとんとする私たちに向かって局長は、「彼は、『米国の農業問題を指摘することが日本の通商交渉上どうしても必要だと判断されるのであれば、その取り扱いは通産省にお任せします。省内は私が何とかします』と言ってくれたよ」と言いました。室内にはどよめきと感動が広がりました。そして、一呼吸置いてから局長は、「悪いが農業は諦めよう。我々はまだ、彼らの信頼に応えられるほど準備ができていない」と言ったのです。皆一斉に「分かりました」と頭を下げ、一言も異論は出ませんでした。

とかく縦割りや省益優先などと批判される霞ヶ関ですが、国を思う心は皆同じであり、自分たちの手柄争いのための仕事をしているわけではありません。国家公務員として霞ヶ関で働けることに改めて誇りを感じた瞬間でした。「たとえ省が違っても、この国を良くしようという思いで信頼関係を築けば、どんな困難な問題にも立ち向かえる」という考えを持つ原点となった出来事でした。

店頭市場改革

入省3年目、大蔵省証券局に出向になりました。当時大蔵省は金融制度改革に取り組んでおり、銀行と証券会社の業務制限を緩和することが重要課題でした。ところが、出向して1週間後の月曜日に、証券会社による「損失補てん」の記事が新聞各紙の一面トップを飾り、証券局始まって以来の大惨事と言われる状況になったのです。

私は米国担当であったこともあり、損失補てん問題への対応のため米国証券取引委員会（SEC）をはじめ諸外国の制度との比較や国内の金融取引の実体など、通常では知り得ないような内容にも触れることができました。出向2年目には、本来の業務である金融制度改革のための証券取引法の改正に携わることとなり、銀行と証券の垣根を定める業務規制（通称：ファイアーウォール）を整備する作業を担当し、金融行政の内情を垣間見ると共に、法案作成の様々なノウハウを学びました。

1993年、2年間の出向が終わって通産省に戻ると、産業資金課に配属されました。「民間事業者の能力の活用による特定施設の整備の促進に関する臨時措置法」（いわゆる民活法）の担当として課長補佐の名刺を持つことになりました。しかし、着任早々総務課に呼ばれて「お前、民活の仕事はやらなくていいからな」と言われました。「では何をするのですか」と尋ねると、「通産省は金融分野が弱い。お前は大蔵省に行って2年間金融の勉強をしてきたのだから、リスクマネーをやってくれ」と。「リスクマネーって何ですか？」と訊くと、「それはお前が考えるんだよ」という返事。いかにも通産省らしい指示の仕方でした。通産省では、往々にして大きなテーマや方向性だけが示されて、具体的に何をどうするかは、すべて担当者に任されるのです。

期待されたミッションは、「産業界に新しい資金調達の途《みち》を開け」ということでした。当時、日本では新興企業が資金調達する方法は限られていました。銀行に代表される間接金融が中心で、起業して新しく事業を始める際には家や土地を担保におカネを借りることになるため、事業に失敗したら何もかも失ってしまう。したがって、起業するのは非常に大きなリスクを伴うものでした。

本来、経済学的には、企業の資金調達は銀行からの借り入れの他、株式市場や債券市場を通じた直接金融の方法があります。しかし、大蔵省で金融制度改革に携わりましたので、株式市場や債券市場といった直接金融が、日本ではもっぱら大企業や機関投資家を念頭に運営されていることは知っていました。一方、米国ではこうした市場を使ってベンチャー企業が大きく伸びていました。この頃既にバブル崩壊の兆《きざ》しも出始めていて、実績のない企業の資金調達はますます厳しくなりつつありました。このため、日本経済を活性化するためには、直接金融の仕組みを見直すべきだというのが議論の始まりでした。

そうは言ってもいきなり何をどうして良いかは分かりませんので、3カ月間は新進気鋭の経営者に話を聴いて回りました。当時はまだ「ベンチャー」という言葉さえあまり知られておらず、むしろ一発屋的なイメージもあったのか、訪問した企業の経営者からは、「私の会社をベンチャーと呼ばないでください」と言われたものです。その一方で、政府の役人が話を聞いてくれるのは初めてだと、何時間にもわたってお話を聴かせていただいたこともありました。

なかには、「ピンポン球にコンピュータ、テレビ、机といった文字を書き、それを20個ぐらい袋に入れて、よくかき回してから三つ取り出します。その三つに書かれた文字をヒントに新しいビジネスを考えます。5分考えて出てこなければ、また袋に戻して同じことをします。時間がある時には、これを1日中やっています」と話してくださった方がありました。その時は、「ベンチャーの経営者には不思議な人がいるものだ」と思いましたが、これが今でも次々と新たな事業を展開されているソフトバンクの孫正義社長だったのです。

企業経営者の方々の話を聴いているうちに徐々に問題点が見えてきました。最初は誰もが「金融制度の問題だから」、「法律がそうなっているから」と言っていましたが、問題は制度それ自体ではなく、制度の運用にあると分かってきたのです。大蔵省で証券取引法の改正に携わりましたので、日本の証券取引法が米国の法律の翻訳であることは知っていました。したがって、条文の内容は日米ほぼ同じです。ところが、米国でベンチャー企業が資金調達できるのに日本ではできない。それはなぜなのか？

さらに調査を続けると、日本の資本市場には明文化されていない「実質基準」というものがあることが見えてきました。店頭市場で株式公開するためには、10年以上の事業実績や100億円近い売り上げなど大企業でなければクリアできないような暗黙の基準があり、創業間もないベンチャー企業が明文上の基準をクリアしても、証券会社は全く相手にしなかったのです。

不思議なことに、証券会社に訊くと実質基準はあると言います。しかし大蔵省は実質基準などないと言います。大蔵省に何度尋ねても「日本には、明文化されたルールしか存在しない。アメリカと何ら変わらない」との回答でした。「でも、日本ではベンチャー企業が株式公開した例は一つもないでしょ」と言っても、「それは投資家保護の観点から審査した結果、たまたまそうなっただけ」と突っぱねられる。「投資家保護」という錦の御旗を掲げると議論が止まってしまうことは大蔵省時代に何度も経験しました。一向に議論が進みません。そこで、ベンチャー企業のための新しい株式市場である「第二店頭市場」を作ることも視野に入れ、通産省で審議会を立ち上げました。

当時は、金融制度について通産省が大蔵省に議論を仕掛けるなどあり得ないことでした。金融機関から出向していた職員からは、「絶対に無理！」と宣言されたほどです。実際、大蔵省と厳しい応酬があり、日本証券業協会に呼び出され、大会議室で課長と共に被告席のような場所に座らされて詰問を受けたこともありました。

それでも審議会での議論を基に日本の制度の問題点について発信を続けているうちに、マスコミでも取り上げられ、国会でも議論されるようになり、徐々に世の中の流れが変わり始めました。最初は反対していた大蔵省や日本証券業協会とも話ができるようになり、ベンチャー企業の基準を決める「研究開発費比率」をどのレベルに設定するかという詰めの段階では、大蔵省の担当者と週末に電話で相談できる関係になりました。

最終的に、第二店頭市場の創設ではなく、店頭市場そのものから実質基準がなくなるという決着になりました。これがいわゆる「店頭市場改革」です。創業間もないベンチャー企業など、若い企業も株式公開できるようになり、資本市場からの資金調達が可能になりました。間接金融以外の新たな資金調達の途が拓かれたのです。その後「マザーズ」市場が創設され、成長を見込むことができれば、赤字企業でも株式公開が認められることになりました。

ちなみに、当時米国で盛んに使われていた「ストックオプション」*を、ベンチャー企業の育成にも活用しようとした際には、「お前、頭がおかしいんじゃないか」とさえ言われました。しかし、その後制度の整備が進み、ベンチャー企業の人材確保のためのツールとして今ではすっかり当たり前になりました。こうして、第3次ベンチャーブームが加速し、楽天など新たな発想に基づくベンチャー企業が次々と生まれていったのです。

＊ストックオプション
あらかじめ決められた価格で自社株を買う権利のこと。株式公開して株価が上がれば、大きな差益を確保できるため、社員へのインセンティブとして活用される。

外国為替管理法改正

店頭市場改革が実現した1995年、貿易局の為替金融課に異動となりました。史上初めて1ドル70円台になった直後でした。異動の挨拶で大蔵省の資本市場課に行くと、課長から「君、今度は為替に手を突っ込むのか……」と言われたことが印象に残っています。その時は、「いえいえ、円高対策をするだけですよ」と答えたのですが、外国為替制度の勉強を始めると、すぐに制度的な課題にぶつかりました。

その当時、国内での外貨の取り扱いは、法律によって外為銀行にしか認められていませんでした。つまり、円と外貨の交換を外為銀行以外が行うと法律違反になるため、必ず外為銀行を通じて行わなければならなかったのです。その頃既に国際的な生産活動や取引関係が拡大しつつありましたので、産業界にとって大きな手間とコストになっていました。

例えば、米国への自動車の輸出やアジアからの部品の調達はドル建てですが、自動車メーカーと子会社が国内でドル取引をすることは規制されているため、自動車メーカーは受け取ったドルをいったん円に換えてから国内の子会社との間で円で決済し、子会社は受け取った円をまたドルに換えてアジアの企業と決済する、といった極めて不合理なことが行われていました。ドルから円に交換し再び円からドルへと交換することで、外為銀行には二重に手数料が入る仕組みになっていたのです。そこに円高が追い打ちを掛ける形になり、産業界からは大きな不満の声が上がっていました。

さらに当時、国際貿易取引では電子決済が普及し始めていましたが、日本企業はこれに参加することができませんでした。国内企業が海外の取引先と電子決済を行うと、外為銀行以外での外貨取引を行ったことになり、法律違反になってしまうのです。このままでは世界で急速に広がりつつある電子商取引に参加できず、日本企業が国際貿易から排除されかねない状況になっていたのです。

また、当時為替手数料は1米ドル当たり1円、1英ポンド当たり4円となっていました。調べてみるとこの手数料は、円がまだ固定相場制の時代つまり1ドル360円、1ポンド1000円の時代に決められたものであることが分かりました。大蔵省の担当者に手数料が変わらない理由を尋ねると、「戦後日本は外貨調達に大変苦労した。今後またいつ外貨調達が難しくなるか分からないので、外貨管理の制度は絶対に必要だ。外貨の調達コストを考えれば、銀行がこれくらいの手数料を徴収するのは当然だ」と言われました。

当時日本は、大幅な貿易黒字によって外交問題になるほど大量の外貨を保有していましたので、この回答には正直唖然としました。外為手数料が固定化されている問題について、通産省が所管する貿易関係の業界団体に相談しても「昔からそうなってますから」、「外為法のルールですから」と、何を質問されているのか分からないといった反応でした。

ちなみに、この外為規制には少額取引を適用除外とする例外措置があり、歴代の為替金融課は大蔵省と交渉して、適用除外となる金額を引き上げることに力を注いできました。当初5百万円程度から徐々に引き上げられ、3千万円程度になっていたと思います。前任者からの引き継ぎで、「この金額を1千万円引き上げられたら、君の銅像が建つよ」と言われたので、「いっそ外為規制そのものを廃止したらいいじゃないですか」と言ったら、「君は何も分かっていない」と叱られました。銀行にとってこれほどおいしいビジネスはありません。ほぼノーリスクで手間もかからず莫大な利益が転がり込むのです。そのため外為制度の見直しに向けて議論を始めると「この分野に手を出すとケガをするぞ」、「役人としての将来に傷がつくぞ」などと言われました。

外国為替に関する問題を扱う「外国為替等審議会」は、大蔵省と通産省の共管でしたが、制度の見直しを大蔵省に持ち掛けても、外為規制部分は大蔵省の専管事項だからと言って全く取り合ってくれません。そこで産業界と連携して、外国為替等審議会の場で出席委員からの「不規則発言」として問題提起することを考えました。当時、外国為替等審議会は、すべての発言が前日までに登録されるという慣行がありましたので、本来不規則発言はありません。そこで初めて不規則発言をするという賭けに出ようとしたのです。

産業界代表の委員は、制度の見直しについては賛成なのですが、実際審議会の場で不規則発言をすることには逡巡《しゅんじゅん》していました。このため通産省で研究会を立ち上げ、国際的な制度比較や経済効果など関連する多くのテーマについて議論し、情報発信に努めました。研究会を半年間開催した後、年明けの外国為替等審議会の専門部会で勝負に出ました。

審議会翌日の日経新聞には「産業界から不満噴出　商社・自動車…手数料、決済に注文」という記事が掲載されました。ここから一気に流れが変わったのですが、審議会直後には、大蔵省の幹部が机を蹴飛ばして「何でお前らにこんなことを言われなきゃいけないんだ！」と怒鳴り、上司である為替金融課長からは「君は当分大蔵省に顔を出さない方がいいいんじゃないか」と言われました。

このためしばらく本省を離れ、全国の中小貿易業会に「為替手数料の引き下げ」を銀行と交渉するようお願いして回りました。当初はほとんど相手にしてもらえませんでしたが、

「一度で結構ですから手数料の引き下げを交渉してみてください」とお願いを続けました。関東から中部、関西、九州と回って再び中部に戻ってくると、中小貿易業会の会長が駆け寄ってきて「為替手数料が下がりましたよ！　信じられません。私の50年はいったい何だったんでしょう」と言いながら抱き付いてこられました。彼は常々「為替手数料は私がこの世界に入った時から決まっていた。交渉するなんてあり得ない」と言っていたのです。ちなみに為替手数料は、法律や制度で決められていたわけではなく、金融界の単なる慣行でしかありませんでした。

実際のところ制度が実態に合わなくなっていることは大蔵省も分かっていたのでしょう。外為法改正は、程なくして大蔵省の進める「日本版金融ビッグバン」の目玉政策になりました。この結果、外国為替取引の許可制度は廃止となり、電子決済も可能になりました。法律の名前も「外国為替管理法」から「管理」の文字が消え「外国為替法」に変更されました。１９９８年のことです。

金融分野での二つの大きな改革に関わることができたことで、「実態に合わなくなっている制度や法律は変えれば良いのだ」と確信しました。民間企業だけでなく、行政官でも

「これは法律です」と言われると尻込みしてしまうところがあります。何か問題が発生しても無意識のうちに法律や制度の範囲内で解を探そうとするのです。霞ヶ関では「政策」というと、「予算」を確保することばかり考える傾向にあります。しかし、行政の基本は「規制」です。障害になっている制度や法律が変わらなければ、実際のところ何も変わりません。せっかく獲得した予算も一過性のプロジェクトに使われ、結局無駄になってしまうのです。ベンチャーという萌芽があっても資本市場から資金調達ができない。貿易立国だと言いながら電子決済ができない。これでは「日本の持っている力」が発揮できません。誰もが「おかしい」と思っていても「法律だから仕方がない」と思考停止に陥るのです。

これら金融をめぐる大蔵省と通産省の攻防は、マスコミから「縄張り争い」と揶揄《やゆ》されたこともありました。大蔵省からも「証券局はとんでもないモンスターを育ててしまった」とも言われました。しかし、こうした一連の金融制度の改革に揺らぐことなく取り組むことができたのは、ある方の言葉があったからです。その方は大蔵省証券局に出向していた時の局長です。出向期間を終え通産省に戻るにあたって局長室に挨拶に伺ったところ、「君は2年間ここにいて分かったと思うけど、大蔵省はしがらみだらけで本当の意味での改革はできない。君がもしこれから通産省に戻って引き続き金融関係の仕事をするなら、通産省から金融制度を直しに来てくれ」と言われたのです。制度を運営している者は皆、問題があることは分かっています。しかし制度を直接運営するが故のしがらみによって、自ら改革に動き出すことは大変難しいのです。誰かがそのしがらみを乗り越えるきっかけを作らなければならない。それが規制や権限をほとんど持たない通産省の役割ではないかと思うようになりました。

3　流されてはならない

その後、管理職として突き当たった大きな課題が「地球温暖化対策」でした。2005年当時、地球温暖化を防止するための国際約束である「京都議定書」の順守に向けて国を挙げた取り組みが行われていました。その名が示す通り、「京都議定書」は日本が議長国としてCO_2に代表される温室効果ガスの排出削減を決めた国際的な取り決めです。

一般にはあまり知られていませんが、地球温暖化の原因とされるCO_2の排出量を正確に測定する方法はありません。そこで、国全体で使用する石炭や石油、天然ガスといった化石燃料の種類や量を調査し、それぞれの化石燃料が一単位当たり燃焼した際に発生するCO_2の量（排出係数）を掛けて排出量を計算するという方法が国際的に定められたルールになっています。ちなみに、日本は化石燃料の燃焼に伴うCO_2（エネルギー起源CO_2）の発生が温室効果ガスの大半を占めていますが、ニュージーランドでは、羊のゲップに含まれるメタンガスが温室効果ガスの約3割を占めるなど、各国の事情を反映した算定方式が定められていました。

当時、経産省の外局である資源エネルギー庁のエネルギー政策企画室長として、今後日本が消費すると見込まれる全エネルギー量を分野別、エネルギー種類別に推計する「エネルギー需給見通し」を作る仕事に携わっていました。このエネルギー需給見通しは、人口構造や経済成長率などを基にした一般的な推計値ではなく、主要産業部門を中心に将来的な生産計画や設備投資計画はもとより新製品の開発戦略まで織り込んだ何百本ものモデル計算式を相互に整合させながら将来像を弾き出すという気が遠くなるような作業でした。

例えば鉄鋼産業が鉄の国内生産量を1万トン増やすというのであれば、その増加分が自動車や建設資材、家電の材料などとしてどの分野に何トン使用されるかに至るまですべて整合させるのです。さらに、そこで使用されるエネルギーが石炭なのか石油なのか、電気であればどの種類の燃料を使って発電されたものであるのかまで辿れるという、驚くほど精緻な作業でした。

モデル計算自体は外郭団体であるエネルギー経済研究所がスーパーコンピュータを使って実施してくれます。このためエネルギー政策企画室は、もっぱら主要産業部門と交渉して、より現実に近い将来見通しのデータを収集すると共に、将来的な設備投資や製品開発計画など企業秘密に近い内容を踏まえて全産業及び家庭部門における整合的なエネルギー消費の姿を描くという作業を行っていました。

日本は、原子力発電を除けばエネルギー自給率が4％しかありませんので、エネルギー需給見通しは単なる将来予測ではなく、実質的に産業毎の資源配分にも大きな影響を与えることになります。特に、どのような種類のエネルギーでその需要を賄うかは、そのままエネルギー産業の経営を縛ることになるので、常に厳しい交渉になりました。

これら膨大な作業の結果算定された石炭、石油、天然ガス等の化石燃料にＣＯ２排出係数を掛けることで日本全体のエネルギー起源ＣＯ２の排出量が算定されるのです。これに工業プロセスで使用するＮＯなどエネルギー起源でない温室効果ガスを若干加えることで日本の温室効果ガスの総排出量を確定し環境省が国連に報告する、という仕組みになっていました。こうした算定の方法や基となるデータの収集方法については、国連から派遣された調査団の「審査」を受けなければならないので、勝手に変更することはできません。したがって、京都議定書が定める「温室効果ガスを１９９０年比で６％削減する」という目標（90年比６％削減目標）が達成できるか否かは、エネルギー需給見通しがどのような姿になるかにかかっていました。

当時、地球温暖化対策は人類最大のテーマと位置づけられ、温室効果ガスの削減に向けて連日厳しい交渉が行われていました。室長に着任した時点では京都議定書の順守は既定路線であり、削減目標の達成に向けてあらゆる努力を行うことは、国の絶対方針でした。しかし、着任してすぐに感じたのは、京都議定書に定められた90年比６％の削減目標は、世界一省エネの進んだ日本にとって極めて不合理なものであるということでした。

バブル崩壊後の経済を立て直し、徹底した業務の効率化による経済発展を実現しつつあった日本経済にとって、CO_2の削減目標はそのままエネルギー使用量の制約となり、経済活動を縛ることになるのです。実際のところ、過去に作成されてきたエネルギー需給見通しを見ると、目標達成はほぼ不可能であることを示していました。

しかし、社会的な機運は「何としても京都議定書の目標を達成せよ」というものでした。経団連が出した自主規制目標は、自主規制でありながら絶対守らなければならない義務であるかのような扱いになっていました。CO_2を大量に排出する石炭火力発電所は悪魔の施設のように見做《みな》され、地球温暖化対策に関する会議では、産業部門毎にどこまで削減が可能か厳しい議論が交わされていました。

作業が進み、各国の取り組みやエネルギーの仕組みを勉強すればするほど、京都議定書の定めた削減方法に疑問を感じるようになりました。代表的な温室効果ガスであるCO_2を世界全体でどのように減らすのか。各国の諸事情に配慮してルール作りを行った結果、京都議定書では温室効果ガスの排出量を基準年比で何パーセント削減できるかという仕組みになりました。しかも、目標を達成できない場合には、他国から排出権を買って埋め合わせても良いという「排出権取引」の制度まで用意されていたのです。

京都議定書では、温室効果ガスの排出量を先進国全体で、2008年から2012年の間に基準年である1990年の排出量から少なくとも5％削減する目標が定められ、日本、カナダは6％、アメリカは7％、EUは（加盟15カ国全体で）8％削減するという国別の目標が定められました。しかも、これらの削減目標には法的な拘束力があるのです。

削減量だけを基準にするわけですから、世界一省エネが進んだ日本と、旧式の設備を使用している国とでは、同じ量のCO_2を削減する場合のコストに大きな差が出ます。本来「地球温暖化対策」なのですから、同じコストをかけるなら世界全体としてより効果的に削減できる方法を模索すべきです。ちなみに、京都議定書の削減義務は先進国だけが負うことになっており、仮に先進国がすべての目標を達成しても、温暖化防止に必要とされる削減量の半分にもなりません。他方、世界全体が日本並みの省エネ技術を導入すれば十分な量のCO_2削減が実現するのです。

地球温暖化の問題を「健康」にたとえるなら、京都議定書は、世界が健康になるために体重１００キロのメタボな人も体重50キロのスリムな人も体重を３割減らそうというようなものです。体重50キロのスリムな人が体重を３割減らすことがいかに不合理なことかは理解しやすいと思います。しかもこの取り組みに参加しない人は、ほとんどが体重１２０キロ以上の人ばかりなのです。「健康になる」という本来の目的を考えれば、「体重減らし競争」ではなく、「体脂肪率競争」すなわち「省エネ競争」にすべきだったのだろうと思います。

調べてみると、地球温暖化問題が議論され始めた頃、先進国だけが削減目標を定める取り組みでは効果が少なく、省エネ技術を普及することによってエネルギー効率を上げる方法を導入すべきといった意見もあったようです。しかし、交渉の過程で途上国を枠組みに参加させるために彼らの義務を外し、先進国が率先して削減することが国際ルールになっていったそうです。日本も当初はこうした方式に否定的でしたが、米国からの強い勧めによって90年比6％減という削減目標を受け入れました。その時は京都議定書に参加しても批准する先進国が少ないため条約は発効しないだろうとの観測もあったそうです。しかし、予想に反してEU各国が批准したことによって条約は発効し、日本は削減義務を負うことになりました。ちなみに、日本の参加を強く勧めた米国は、経済活動に対する制約を嫌って京都議定書から離脱してしまったのです。

国際ルールというものは往々にして妥協に妥協を重ねた結果、当初の想定とはかけ離れた姿になることは珍しくはありません。ここで教訓とすべきは、「条約は発効しないだろう」という希望的な観測に流され無理な条件を受け入れてしまうことがいかに危険かということです。しかし、既に決まったルールをとやかく言っても仕方がありませんので、次なる交渉の際には、合理性のある目標設定に向けた努力が必要であると感じていました。

当時は、京都議定書の削減目標の達成という課題に加え、「第2約束期間」と呼ばれる「ポスト京都議定書」にどのような目標値を設定するかが話題に上り始めていました。

削減目標の達成に向けた作業はつらく苦しいものでした。経産省は、経済発展の実現と温室効果ガスの削減という相矛盾する目標を同時達成することを求められ、数字を睨みながら日々悶絶していました。京都議定書の削減目標を達成するためには、現状の排出量と目標値とを比較していつ頃にはどの程度まで削減していなければならないという目標通過点があります。しかし、どう見てもそれを実現できる可能性は低く、産業界の生産計画の見直しや省エネ努力のさらなる取り組みを求めるなど、苦しい折衝が続きました。

特にこの作業がつらかったのは、これほどまで国民や産業界に負担をかけてCO_2を削減しても、最大のCO_2排出国であるアメリカも中国も参加していない京都議定書では、地球全体のCO_2削減にはほとんど効果がないことでした。絶対に勝つことのできない試合に参加していながら、「負けてはならない」と言われているようなものでした。思えばこれまでの行政官としての業務のなかで、この時期が最も苦しかったように思います。

それでも3年という時間をかけてあらゆる方向から対策と検証を重ねた結果、京都議定書の削減目標達成の可能性が見えてきました。若干の排出権購入はあるものの、産業部門を中心とする極限までの省エネの実現や、事務所オフィスの対策、住宅における省エネと再生可能エネルギーの導入など、「針の穴を二つ通す」と言われたエネルギー需給見通しが出来上がりました。エネルギー政策企画室の職員は、皆寝食を忘れて作業に取り組み、審議会で最終的な数値が承認された時には、バックシートで眠り込んでいる職員に委員の皆さんから拍手をいただきました。

長く苦しい作業を終えてホッとしたのも束の間、洞爺湖サミットに向けた準備会合で、EUが京都議定書の第2約束期間の削減目標として2020年までに1990年比20％削減という驚くべき提案を出してきました。この時EUは、京都議定書の第1約束期間と同じ1990年比での目標設定を強く主張してきました。当時は既に2007年末でしたから、これからの削減目標を決めるなら当然基準年も改めるべきです。

実は、EUが1990年を基準年とするよう主張するのには理由がありました。EUの主要国であった英国は、1990年を基準年にすると、北海油田の発見に伴ってそれまで主流であった石炭から安価に入手できる天然ガスへと置き換わった効果がそのまま削減量として加算できるのです。つまり英国にとっては、１９９０年を基準年にするだけで特段の省エネ努力をしなくても20％以上のCO_2が削減されたことになるのです。ドイツも事情は同じでした。１９９０年に東西ドイツが統合されたことにより、主に褐炭《かったん》を使用する非効率な東ドイツの工場が閉鎖された結果、削減努力とは全く関係なく30％近いCO_2が削減されることになるのです。

京都議定書の第1約束期間においても、基準年を１９９０年に設定したことで、ＥＵの二大経済大国である英国とドイツのCO_2削減効果があまりに大きくなるため、スペインやイタリアでCO_2排出量が30％以上増加してもＥＵ全体では相殺されてしまい、ＥＵの目標だった１９９０年比８％減は、さほど厳しいものではなかったのです。これが当初の予想を覆してＥＵが京都議定書を批准した背景にあったのです。考えてみれば温暖化対策の交渉の場に参加して温暖化対策の重要性を叫んでいたのは常に英国とドイツでした。

この二つの国には世界に厳しい削減目標を押し付けたいもう一つの理由がありました。それは「排出権取引」です。ＥＵ全体で１９９０年比20％削減の目標を設定することで、

ＥＵのメンバー国にもそれぞれ削減目標が設定されるのですが、ＥＵ域内に排出権取引を導入することで排出増となっている国から合法的に莫大な資金が両国に移転するのです。加えて英国の場合は、排出権取引が活発に行われることによって、ロンドンシティに設置された排出権取引所に年間1兆円を超える手数料が入ると言われていました。旧東ドイツ復興のための資金を必要としていたドイツも、古い工場の閉鎖に伴うＣＯ$_2$排出量の削減分を排出権として購入してもらうことでそれを確保しようとしていたのです。

つまり英国とドイツにとっては、第2約束期間の基準年を１９９０年に据え置くことで、ＥＵが地球温暖化の防止に大きく貢献しているとアピールできるだけでなく、排出権取引によって莫大な資金が手に入るというカラクリがありました。

一方、日本はバブル崩壊後の不況から立ち直るため、コスト削減に向けた省エネの努力を重ねており、さらに１９９０年比６％減という京都議定書の目標達成のために極限まで省エネを進めることになっていましたので、これ以上の削減余地はありません。ＥＵの提案である１９９０年比20％減という削減目標を達成するには、14兆円分もの排出権を買い取らねばならない計算になり、日本にとっては全く受け入れ難い提案でした。

しかし、政府は洞爺湖サミットを何としても成功させようと、ＥＵ提案の１９９０年比20％減の削減目標を受け入れる方向に傾いていました。この目標を受け入れれば、日本から莫大な資金が流出するだけですので、絶対に認めるわけにいきません。関係者に対してＥＵが仕掛けた基準年のトリックを説明し、日本からの対案を作るべきだと説得に奔走しました。ところが驚いたことに、個別に説明した時には誰もが「なるほどそれはおかしい」と言うのですが、政府案を取りまとめる段階になると、ＥＵ提案を受け入れることが前提で議論が進むのです。問題点が明確でも多くの関係者が集まって議論を交わすと、様々な事情が加味され逆の結論になってしまうのです。

関係省庁に話しても「これは京都議定書です。日本がリーダーシップを執られければならないんです」と言うばかり。「第1約束期間の目標が達成できそうなら、頑張れば何とかなるだろう」といった反応も少なくありませんでした。「第1約束期間の目標は達成できたわけではありません。これから血の出るような努力をしてぎりぎり達成できるかもしれないという状況です」と反論しても聞き入れられる雰囲気はありませんでした。

しかし、政府としても達成できる見込みのない数字を受け入れたというわけにはいかないので、私たちエネルギー政策企画室には「エネルギー需給見通しの観点から１９９０年比20％削減でもなんとかなるという根拠を作れ」という要請が来ました。私の携帯電話には官邸から頻繁に電話が架かり、「お前、日本の立場が分かっているのか！　サミットのホスト国だぞ」といって「ＥＵの提案を呑め」と何度も催促されました。しかし、排出権購入のためだけに14兆円もの資金を流出させるような約束を認めるわけにはいきません。当時、年金制度が大きな社会問題になっていましたので、「１９９０年比20％減の目標を呑めば日本は莫大なお金を捨てるだけです。14兆円あれば年金問題が解決します。ＥＵの提案は絶対に受け入れられません」と反論し続けました。

この状況を変えるには、説得力のある対案を作るしかありません。そこで、ＥＵの提案をＥＵ自身が達成した場合のCO_2の排出量を計算し、その地点から逆算して日本も同等の削減努力をしたと言える基準年と目標値を探しました。様々な試算を行った結果、基準年を２００５年に設定すれば、ＥＵと日本の削減量がほぼ同じになることが分かりました。２００５年は、データの集計上排出量の計算が可能となるギリギリのタイミングでもあり「これからの削減努力を評価する」という説明をしやすい絶妙な年でもありました。

早速、基準年の違いによっていかにＥＵと日本で有利不利の差が出るのかについて分かりやすい図を作り、内閣官房の会議に乗り込んで説明を繰り返しました。内閣官房のなかでもそうした事情を理解してサポートしてくれる職員も現れました。さらに、元資源エネルギー庁長官の方々が精力的に各方面に働きかけてくださった結果、第2約束期間からの参加を表明していた米国も２００５年を基準年とする方向で足並みを揃えることとなり、「２００５年比14％削減」という新たな提案をまとめることができました。最終的に洞爺湖サミットでもこの提案が採択され、排出権のトラップから抜け出すことができたのです。

ちなみに、京都議定書第1約束期間の「１９９０年比６％削減」という目標が日本にとってどれほど重い約束だったかを知ることができる興味深い事実があります。つい先頃、日本がこの目標を達成したことが最終的に国連で確認されましたが、目標が達成できた最大の要因は、国民各層による省エネ努力ではなく、リーマンショックと呼ばれる大不況でした。CO_2の排出量はエネルギーの利用を通じて経済活動を反映するため、１００万人以上の失業者を出すほどの経済活動の縮小によって、ようやく「90年比６％削減」が達成できたのです。リーマンショックによってどれほど多くの人々が職を失い、人生が狂い、命を落としたことか。経済活動の縮小がもたらす負の影響は私たちの想像を遥かに超えたものになるのです。この事実を歴史のなかに埋もれさせてはいけません。

4　誰かがやらなければ

地球温暖化対策の仕事を終えると岐阜県庁に出向となりました。自治体では、それまで国で行ってきた制度的な対応より、国民の生活に直結する緊急性の高い課題が多いという特徴があります。国にいた頃よりも現場に近い仕事をするなかで、より切実な課題に直面することも少なくありませんでした。ここでは二つの事例を紹介します。

岐阜県庁に着任したのは、リーマンショックが始まろうとしていた頃でした。経産省で外国人労働者問題を担当する機会がありましたが、岐阜県庁でも「多文化共生」の担当次長として外国人問題に携わることになりました。岐阜県は外国人労働者の数が国内トップレベルで、製造業を中心に沢山の日系ブラジル人が働いていました。

リーマンショックは地域経済にも深刻な影響を与え、多くの日系ブラジル人も職を失いました。生活実態調査のために訪問したアパートでは、一つの部屋に約20人が共同生活を送っており、そのうち仕事に就いているのは2人だけといった状況でした。ブラジルに帰ろうにも飛行機のチケットを買うお金がありません。季節が冬に向かうなか、県庁職員の協力を仰いで暖房器具や衣類など支援物資を募ったり、県庁内にある防災用の毛布などを集めたりして支援しました。しかし当初は大変感謝された取り組みでしたが、支援をすればするほど要求内容がエスカレートし、こうした対応の限界を感じていました。日本人ですら先の見えない不況のなかでそうした支援を続けていても解決には程遠い状況でした。

そこで、生活に困窮する日系ブラジル人に今後どうしたいかを尋ねてみると、その多くがブラジルに帰りたいと言うのです。そこで彼らが働いていた企業を訪問して、帰国費用を出してもらえないかとお願いしましたが、どの企業も経営難で「そんなお金があるならこちらが貸してほしいくらいだ」と断られる状況でした。

日系ブラジル人の支援を行うＮＰＯの協力を得て彼らの生活状況を調査すると、岐阜県内で約２４００人が生活に困窮し、ブラジルへの帰国を望んでいることが分かりました。そのうち約７００人は既に生活に行き詰まっており、一刻も早く帰国させる必要があるとのことでした。ＮＰＯの方が懸念していたのは、ブラジルでは店の外に並べてあるものはサービスとして持っていっても構わないという習慣があるため、生活に困窮すると町なかに出て、店先の商品を無断で持って行ってしまう恐れがあるとのことでした。

このままでは日系ブラジル人が犯罪者になってしまうと危機感を募らせ、何としても帰国できるよう支援するしかないと確信しました。多文化共生の担当課に帰国支援を持ちかけると、課長から「そんなことをしたらマスコミに何を言われると思っているんですか！」と即座に断られました。多文化共生会議の有識者の方々からも「都合の良い時だけ労働力として使っておいて、都合が悪くなったら追い返すなんて虫が良すぎます」と一様に反対されました。「しかし、このまま日本にいても、犯罪者になってしまうかもしれません。どうすれば良いですか」と訊いても、「それは国が考えるべきことで、多文化共生の問題ではありません」と言うばかりで、何一つ策は示されませんでした。

県の幹部会では、「日系ブラジル人を帰国させることが必要です」と発言したところ、県警本部長から「できもしないことを口にすべきではない」と叱られる始末。そこで本部長室を訪ね「文化の違いから日系ブラジル人を犯罪者にしてはいけません。これは人道上の問題だけでなく治安の問題でもあるのです」と状況を説明しました。警察も独自の調査で生活に困窮している日系ブラジル人の数が2千数百人に上ることを把握していました。どうすべきか色々と議論を重ね、最後に本部長から「もし本気で帰国支援を行うというのなら警察も協力しよう」という言葉をいただきました。

外国人労働者の問題を抱えるのは岐阜県だけではありませんので、まずは国へのアプローチから始めました。官邸の会議で知事から問題提起をしてもらいましたが、具体的な議論にはつながりませんでした。関係自治体で連携して国に働きかけようともしましたが、大量の外国人労働者を使う企業への配慮から帰国支援に強く反対する県があって失敗に終わりました。そこで、かつて外国人労働者問題に一緒に取り組んだ厚生労働省の担当課長を訪問し、帰国支援を政策にできないか相談しました。しかし、「日本人ですら十分な支援ができないのに外国人どころではない。それほど帰国支援が大事だというなら、まずは岐阜県でやってみせてくれよ」と言われました。「分かりました。それなら岐阜県が帰国支援をやったら、国もやってくれますね」とタンカを切るのが精一杯でした。

結局どこにも頼れないまま岐阜県単独で対策を考えることになりました。県庁の担当課長が帰国支援に強く反対していましたので有志を募りました。ありがたいことに、日頃から外国人労働者と接してきた熱心な課長補佐を中心に数人の職員が集まってくれました。

まずはブラジルに帰国する具体的な方法を考えるところからスタートです。日系ブラジル人が利用する旅行会社をリストアップし、直接訪問して協力を仰ぎました。そのなかで名古屋にあるＵＮＩトラベルの社長が快く協力を申し出てくださいました。彼は早速、日系人がよく利用するエミレーツ航空と交渉し、１人23万円の格安航空チケットを半額程度にまで引き下げてくださいました。さらに社長は、「サンパウロの空港に送っただけではそこで難民になってしまいます。ブラジルでバスをチャーターして全員それぞれの故郷まで送り届けましょう」と言うのです。バスの費用を聞いたところ、「追加料金は不要です。私もブラジルで暮らしていましたので、彼らの役に立てれば本望です」と言われました。

しかし、そこまで値段を引き下げてもらっても、７００名分の旅費は諸経費も含め合計約1億円に上りました。時期は既に2月の末で、補正予算の可能性もありません。しかも当時岐阜県は財政破たん状態にあり、加えて裏金問題などの不祥事もあって、財政的には全く余裕がありません。１億円を確保するためあちこち相談しても良い知恵はありません。上司からは、「もう諦めたらどうだ」と何度も言われました。

何としても彼らを救わなければ、との思いで県庁内を回っていると、財政課の職員が、「次長さん。どうしても帰国支援はやらなければならないのですか」と訊いてきました。
「ええ。緊急を要する７００名を救うために少なくとも1億円が必要です。何か方法はありませんか」と言うと、「実は明日、予算の不足分に充当するため国際交流基金に積み立ててあるお金のうち、具体的な使途が決まっていない28億円を引き揚げることになっていますがこれを27億円にします。1億円は使ったことにしましょう」と言ってくれたのです。この方法であれば予算手続きは不要とのこと。「ウルトラC」の解決策でした。ただし、この手法を採るには、資金の使途について県議会の議長経験者全員の承諾を取るのが慣例となっていました。そこで資料を作り、議長経験者を一人ひとり回って説明をしましたが、誰一人反対される方はなく、「大事な仕事だから頑張れ」とむしろ激励されました。

ついに日系ブラジル人の帰国支援が県の政策として決定されました。しかし、その取り組みが新聞で報道されるや沢山のクレームの電話が鳴りました。「大切な県民の金を1億円も外国人に使うとは何事だ、そんなことをしたら県を訴えるぞ」と言われました。複数の旅行会社からも営業妨害で訴えるとも言われました。ある市議からは、プロセスが不透明だと厳しく批難されました。さすがに協力してくれた職員の間に動揺が広がったため、「訴訟は私が引き受けるから大丈夫」と言って、個人的に1億円の公務員賠償責任保険に入りました。何としても帰国支援を実行しなければ、という思いでした。

問題は確保した1億円をどのような方法で使うかです。県の基金を個人に直接給付することはできません。県が直接貸し付けるにも制度整備が間に合いません。そこで1億円を金融機関に預託して、それを担保に金融機関が本人に貸し付けを行うことを考えました。良いアイディアだと思いましたが、県内の金融機関に打診したところ悉《ことごと》く断られました。最後に相談した東海労働金庫でも、副理事長からは「次長さん。それは無理です。いくら県がお金を預けるからと言っても、失業して国に帰ってしまう外国人にお金を貸すのは、金融機関としては邪道です」と言われました。確かにそうかもしれないと諦めかけた時、「ただ、帰国支援が必要なことは分かります。少し考えてみますよ」と言われたのです。

しかし、県の資金を基に融資制度を作る作業は難航しました。副理事長からは「やはりダメかもしれない」という連絡を何度もいただきました。ほとんど諦めかけた時、副理事長から電話があり、「次長さん。県のお金はそのまま持っていてください。今回の融資は東海労金が勝手にやったことにします」と言われたのです。理由を尋ねると「新しい融資制度を作っていたのでは間に合いません。今回は、東海労金の判断で日系ブラジル人失業者を対象に生活支援のための融資を行います。それが焦げ付いた段階で『国際交流の観点から東海労金の取り組みは社会的に意義があった』という理由で、その基金を使って損失分を補てんしてください。そうすれば、何も新しい制度を創ることなく融資ができます」とのことでした。まさにコロンブスの卵です。こうして700人分の旅費を支給する方法が整ったのです。

ただし、この方法を実施するにあたって東海労金から一つ宿題がありました。この融資には失業証明書が必要になるため、労働局に手続きを簡略化するよう交渉してほしいというものでした。早速、労働局の担当部長にお願いしましたが、答えはノーでした。「帰国支援事業の趣旨は理解しますが、我々は本省の指示がない限り勝手なことはできません。簡略な手続きでと仰《おっしゃ》るなら、まず本省の了解を取ってきてください」とのことでした。厚労省の課長の反応を考えれば、交渉に時間をかけている余裕はなく「通常の手続きで結構ですので可能な限り迅速に対応してください」とお願いだけして引き下がりました。

いよいよ帰国支援を実行に移そうという段階になって、事件が発生しました。失業者が溢れる県内で、東濃地方にある市役所から「3人分の仕事がある」との情報がネットに流れたのです。実際には日本人が対象の募集だったようですが、「仕事がある」との情報が日系ブラジル人のコミュニティに伝わった結果、休日の市役所の玄関に1000人を超える外国人労働者が集まってしまったのです。持ち合わせのお金を使い切って電車賃を払い、文字通り片道切符で市役所まで来た者も多く、あわや暴動かという状況になりました。

このニュースに、県庁内でも「本当に帰国支援を実施するのか」と不安の声が上がりました。そこで関係者を集め、「ここまで来たのだから何があっても帰国支援を実行する。決してマイナスの評価はしないので抜けたい者は抜けて構わない」と言いましたが誰一人脱落する者はありませんでした。

いったん実行すると決まった後の県庁職員の対応は見事でした。出先機関との連携も含め約1週間で説明会の準備が整いました。説明会場の選定にあたっては、県警本部から「先日の市役所での事件を考えれば、説明会で暴動が起きることも十分予想されるので、会場は必ず警察署の隣の建物にしてほしい」との申し入れがありました。さらに「ポルトガル語を話せる警察官6名を現場の応援に派遣する。不測の事態に備えて機動隊1個大隊74名を会場の隣の建物に待機させる」とのことでした。「本気でやるなら協力する」との県警本部長の言葉は本物でした。

説明会は、日系ブラジル人の居住状況を考えて西濃と東濃の2カ所で行いました。最初の説明会は西濃地区の大垣市での開催でした。開始時間は午後6時から。遅刻する者も多いだろうという当初の予想に反して、定刻5分前には約200人の定員がほぼ満杯になりました。結局、遅刻したのは県が依頼した通訳だけでした。

説明会が始まると次々に手が挙がり、「借りたお金を返せなかったら二度と日本に入国できなくなるのか」、「分割で返済してもいいのか」といった質問が相次ぎました。日系ブラジル人は皆しっかりしているじゃないか、と感心していたところ、私の隣に座っていた東海労金の副理事長が「次長さん、やばいです。このお金返ってきますよ」と言うのです。驚いて「融資なのですからお金が返ってくるのは良いことではないのですか」と訊くと、「それはそうなのですが、10万円を5年間かけて返済する設計にしたので、1回の返済額は1700円程度になります。1700円をブラジルから送ると送金手数料が8000円かかるのです。返ってくることまでは考えていなかったので、送金手数料については何も手当てしていません」と。

どうしようかと焦り始めたのも束の間、突然、支援者を名乗る日本人の男性が立ち上がり、「お前たち県の役人は良いことをしているつもりかもしれないが、こんな制度はバカげている」と叫び始めました。「この人たちはブラジルに帰っても仕事がないんだ。返せるアテもないのに金を貸すなんてふざけている。どうだ、みんな仕事なんかないだろう、金なんか返せないだろう！」と煽《あお》ったのです。日系ブラジル人たちは一斉に「そうだ！そうだ！」と叫び始めました。説明をしていた支店長は茫然《ぼうぜん》と立ち尽くし、会場は騒然となりました。私服の警察官は携帯電話を手にしています。ここで警察が動いたらすべてが水泡に帰すと感じ、マイクを取り「皆さん、聞いてください！」と叫んで立ち上がりました。

「今回の帰国支援の取り組みには県庁のなかでも大きな反対がありました。生活に困っているのは皆さんだけではありません。日本人も困っています。しかし、日本人が東北や九州の故郷に帰ろうとしても、その旅費を貰える制度はありません。皆さんがブラジルに帰っても仕事がないのは分かります。しかし、皆さんが日本にいても仕事は見つからず、生活は苦しいままです。皆さんはブラジルに帰ることができれば生活できると仰います。私たちは、この岐阜県で働いてくださった皆さんに、日本人が受けられる一番良い条件の支援を実現したいと頑張ってきました。それが皆さんにお金をお貸しすることなのです。分かっていただきたいのは、これから外国に帰ってしまう外国人に無担保無保証でお金を貸す制度は世界中どこにもありません。しかも、この融資を行うにあたって県内のほとんどの金融機関から協力を断られました。唯一この東海労金さんだけが引き受けてくれたのです。もしこの制度に担保があるとすれば、それは岐阜県と皆さんとの信頼関係だけです。ぜひこのお金を使って故郷に帰り、景気が良くなったらまた岐阜県に戻ってきてください。私たちは皆さんを待っています」

話し終えると、会場から拍手が起きました。何人かの方は泣いていました。気がつけば先ほど日系ブラジル人を煽った当の日本人男性まで一緒になって拍手していました。

何とか騒ぎは収まったものの次なる問題は制度を利用できる人の条件でした。帰国支援の資金には限りがあるため、どこかで線引きをしなければなりません。そこでとりあえず、「半年以上前から岐阜県内に住んでいて今も継続して県内で生活している人」とし、便宜上8月31日を基準日にしました。

すると「9月20日に岐阜に来たけれどダメなのか」、「長い期間岐阜県に住んでいたが、今は名古屋に住んでいるけれどダメか」などと次々に質問が出ました。帰国させてあげたいのはやまやまですが、どこかで線引きをしなければ収拾がつきません。そこで、「まず第一弾として8月31日を基準日にしましたが、次があるかもしれません。また、この取り組みがうまく行けば国が動くかもしれません。皆さんお困りなのは分かりますが、まずはこの条件に合う人だけを対象にします」と苦しい説明に終始しました。

説明会が終わっても、納得できない何人かの方々は帰ろうとしませんでした。そのなかに2人の小さな子どもを連れた女性が、帰国できると喜んでいる別の日系人を指しながら、「あの人たちは私たちより困っていない。あの人たちがブラジルに帰れるのに、なぜもっと困っている私たちは帰れないの！」と訴えていました。彼女の家族は10月に岐阜県に移り住んできたため対象から外れてしまったのです。彼女は「私はブラジルで教師をしていました。母親として子どもたちにご飯を食べさせてあげられないのもつらいけれど、学校に行かせてあげられないのはもっとつらい。ブラジルに帰れば親戚もいるし、学校にも行かせてあげられる。どうして私たちを帰らせてくれないの！」と泣きながら訴えました。同じ年頃の子を持つ親として、自分はなんて残酷なことを始めてしまったのだろうと胸が張り裂ける思いでした。しかし、だからといって勝手にルールを変える訳にはいきません。その場は通訳の方になだめてもらい、帰っていただきました。

ところが彼女は2週間後に開催された渡航手続きの会場にも来て、「キャンセルはないか」とスタッフに詰め寄っていました。受付では手続きの妨げになるので、会場の一室を借りて直接話を聴くことにしました。通訳ボランティアの日系人の男の子も心配して付き添ってくれました。しばらく彼女の話を聴いているうち、ふと聞き覚えのある会社の名前が出てきました。以前に調査で訪問したことのある人材派遣会社です。そこで彼女にしばらく部屋で待つように言い、車で20分ほどのその会社に向かいました。会社では専務が対応してくださいました。県が実施している帰国支援について説明し、ある家族が条件に外れて困っているので助けていただけないかとお願いしました。しかし彼からは、「事情は分かりましたが、さすがにそれは無理です。一体何人の日系人がここで働いていると思っているんですか」との返事でした。それもそうだと思いながら、とりあえず彼女の言っていることを確認するため記録を調べてもらいました。パソコンの記録から10月から2カ月間ほどこの会社で働いていたことが確認されました。2カ月働いていただけの人ではさすがに無理かなと思った時、画面を見ていた専務は「あっ」と小さく声を上げ、「この方だけお子さんが2人いますね」と言うのです。「はい、小さな男の子と女の子がいます」と答えると、少し考えてから「従業員を助けろと言われると難しいですが、子どもを助けるということなら何とかなるかもしれません」と言われたのです。「ただ、私の一存では決められないので、社長に相談する時間をください」とのことでした。

思いがけない言葉に感謝しつつ、急いで渡航手続きの会場に戻りました。程なくして携帯電話が鳴りました。派遣会社からです。「うちがお金を出したことを公表しないと約束していただけるのであれば、その御家族の帰国費用は出させていただきます」とのこと。会社名を伝えないと約束して、通訳ボランティアの男の子から帰国できる旨を伝えてもらいました。その女性がどれほど喜んだかは説明するまでもありません。本当に感謝で涙が出ました。

そうして迎えた帰国の日。エミレーツ航空の最も安いサンパウロ行きは、日曜日の夜11時45分関西国際空港発の便でした。空港でのトラブルに備えて大阪府警に協力をお願いするため、岐阜県警の方と共に一足先に大阪に向かいました。その頃岐阜県では、大型バスに日系ブラジル人たちが乗り込んでいました。その様子はテレビのニュースでも報じられましたが、そこに映し出されたのは、あの2人の子どもを連れていた女性の姿でした。

関西国際空港で大型バスを出迎え、ついにこの日が来たのだとホッとしたのも束の間、またトラブルです。ある家族の2歳になる男の子の出生証明書がないというのです。出生証明書がなければ誘拐を疑われ、出国審査が通らないとのことでした。既にアパートも引き払い探すアテもありません。出生証明書はＡ４判の普通紙なので、荷物をまとめる際に誤って捨ててしまったようです。両親は半狂乱になって荷物の中を探しています。しかし書類は出てきません。ああ神様なんてことを！　と思わず天を仰ぎました。

既に日曜の夕刻ですから法務省に問い合わせることもできません。出発手続きの時間が刻一刻と迫るなか、応援に駆けつけてくれていたＵＮＩトラベルの社長が「もしかすると、手続書類を作成した資料のなかに出生証明書のコピーがあるかもしれない」と言うのです。事情を聞いて手伝ってくれていた航空会社の職員からは、「コピーでは無理かもしれませんよ」と言われましたが、他に方法がありません。ＵＮＩトラベルは既に閉まっていましたので、会社の近くに住む社員に電話をして急いでオフィスに向かってもらいました。

連絡を待つ間、ＵＮＩトラベルの社長は、帰国予定の日系人一人ひとりに10ドル紙幣を1枚ずつ手渡していました。理由を聞くと「人はお腹が空くと不安になる。10ドルあれば簡単な食事ができる」というのです。不満が出ないよう大人でも赤ちゃんでも同じように1人10ドルずつ渡していました。すべて社長のポケットマネーとのこと。私も子どもたちにお菓子を買い、不安な顔を見せないよう祈る思いで連絡を待ちました。

果たして旅行会社に出生証明書のコピーは残っていました。ファクスが届き、後は審査官の判断次第とのこと。私たちは見送りのゲートから奥へは入れません。通行パスを持っている大阪府警の方に付き添っていただくことになりました。ゲートを通り過ぎる大阪府警の方に向かって「何としても彼らを送り出してあげてください！　もし審査官がコピーではダメだと言ったら、審査官を逮捕してください！」と叫んでいました。

出発の時間が過ぎ重苦しい空気のなか、携帯電話が鳴りました。大阪府警の方からです。「11時55分、全員無事出国しました」。皆で歓声を上げ抱き合って喜びました。出生証明書のことを訊くと、やはりコピーではダメだったそうです。しかし審査官の対応が実に見事でした。「残念ですがコピーでは受理できません。ただ、もしこの情報が正しいとご両親が確認できるなら、今ここで私が出生証明書の正本を作り直します」と。

第一弾の帰国支援後程なくして、在日ブラジル大使館から知事宛に感謝状を贈りたいとの連絡がありました。そこで知事にお願いして、今回の費用返済の送金手数料を無料にするようブラジル政府からブラジル銀行に対して働きかけてほしい、と伝えてもらいました。大使は快く約束してくださり、大きな心配事が一つ解消されました。

帰国支援の第一弾から2カ月が経ち、第二弾に向けて準備を始めていたところ、労働局の部長が私の部屋を訪ねてこられ、「やりましたよ、江崎さん。国が動きました！」と言われました。国の資金によって外国人労働者の帰国を支援する制度が立ち上がったのです。岐阜県の取り組みは全国的にもニュースになっていましたので、厚労省が動いてくれたのだと思います。その後は国の制度を使って帰国支援を行い、最終的に当初想定していた約2400人のほとんどが帰国を果たすことができました。

帰国支援も一段落したある日、県警の方が来られ「警察庁から連絡があり、今回の取り組みが評価され、岐阜県警を表彰したいと言われているのですが、我々が頂いてもよろしいでしょうか」と言われました。聞けば、リーマンショックによる不景気で全国的に犯罪が増加するなか、東海地方で唯一岐阜県だけ犯罪発生率が下がったのだそうです。

全くの手探りのなかでの帰国支援でしたが、協力してくれた県庁の若手職員は「こういうやり甲斐のある仕事をするために県庁職員になったんです」と言い、通訳ボランティアをしてくれた日系人の男の子も、「将来、自分は困っている人を助ける仕事に就きたい」と力強く語ってくれました。

5　そこに課題があるなら

岐阜県時代のもう一つのエピソードは、2011年に東日本大震災が発生した際の福島県被災者の受け入れです。

震災当時私は県の商工労働部長を務めていました。災害時における商工労働部の任務は、支援物資の調達と配送です。岐阜は元々繊維の街ですから、震災の発生直後から組合を中心に支援物資の協力を仰ぎ、比較的早い段階で子どもやお年寄り用も含めて約5千人分の衣類が確保されました。しかし、阪神淡路大震災の教訓から「支援物資による二次災害」を防ぐため、「被災地要請主義」が徹底され、要請がない限り絶対に支援物資を送ってはならないというルールになっていました。そこで、せっかく集めた支援物資を一刻も早く被災者に届けようと、被災県の県庁に何度も電話するのですが、「衣類は足りています。送っていただかなくて結構です」との回答ばかりでした。

せっかく集めた支援物資ですが、5千人分もの衣類ですから送り出せない状態が続くと倉庫代の負担が大きくなってきました。県も財政難でしたので倉庫代を支払うお金がありません。被災県に何度も確認した後、組合事務所を訪問し、「今回はありがとうございました。現地に確認しましたが、どうやら衣類は足りているようです。皆さんの善意はちゃんとお伝えしますので支援物資はお引き取りください」と謝って回りました。ところが、お詫び行脚が終わった翌朝のニュースで「現地では厳しい寒さが続いていますが、福島の被災者には衣類が足りていません！　何とか支援の手が届かないものでしょうか」と放送されたのです。組合の関係者からは「お前たちは一体何をやっているんだ、衣類は足りていると言ったじゃないか！」と厳しく叱られました。

後で分かったことですが、その時既に各県庁の講堂や駐車場には沢山の支援物資が届いていたようです。しかし、現地では避難所にいる被災者の人数を確認する作業に手間取り、各避難所への配送手段も十分に確保できないことから物資の流れが滞っていたようです。

県が要らないというなら市町村に送ろうと言って、支援物資が届かないとニュースで言っていた福島県の市町村に連絡を取ろうとしました。しかし担当職員は「この地域に支援物資は送れません。原発から一定の距離の範囲には立ち入ることができません」と言います。「だったら中部電力から防災服を借りよう。それを着て届けに行こう」と言うと、「防災服を着ても入れません」とのこと。「何言っているんだ！　まだその範囲には人が残っているじゃないか」とは言ったものの、結局配送は無理だということになりました。

その頃は毎朝カーラジオで被災地の状況を聞きながら出勤していました。被災者の声が放送される度に胸が締め付けられる思いでした。特に、未だ原発近くに残っているお母さんからの「何とか津波から逃れて生き残ったのですが、赤ちゃんに飲ませてあげるミルクがありません。やはりこの命は助からないのでしょうか」というメッセージが読み上げられた時には、思わずハンドルを握り締め、「ごめんなさい。どうしても届けることができないんです」と自分の無力さに涙が止まりませんでした。

そこで「支援物資が届けられないなら、渡せる所まで来てもらおう。いや、いっそ岐阜県まで避難してもらったらどうか」と提案しました。福島県からの被災者受け入れです。たちまち部内から反対の声が上がりました。「部長、それは越権行為です。我々の仕事は物資の調達、配送までです。被災者の受け入れは商工労働部の仕事ではありません」と。「そんなことは分かっている。でも支援物資を必要としている人がいて、どうしても届けられないなら何か別の方法を考えるべきだろう！」と思わず声が大きくなっていました。他の職員も皆、そこまでやらなくてもいいだろうという顔をしていました。しかし、寒さに震える被災者や、震災後被災者のために物資を支援してくださった方々のことを考えると何かせずにはいられませんでした。

福島県被災者の受け入れには、受け入れ担当の部局からも強い反対の声が上がりました。当時、放射能をチェックするガイガーカウンターは、県内に2～3台しかなく、被災地の救援に行った警察官や消防関係者の対応で手一杯でした。放射能に対する恐怖感も大きく、とても福島県からの被災者を受け入れようという雰囲気ではありませんでした。

関係者を集めた会議では受け入れ担当部局の課長から「なぜ福島なのですか。被災者を受け入れるのなら宮城や岩手じゃダメなのですか」と言われました。思わず「バカ野郎！被災者は家や家族が被害に遭っているんだ。家族が行方不明になっているのに誰が被災地を離れたいと思うんだ。もし遠く離れた岐阜県まで来る人がいるとすれば、放射能のために家に帰りたくても帰れない福島の被災者しかないだろう」と叫んでいました。担当課長は、「仰りたいことは分かりましたが、我々は協力できません」と言って出て行ってしまいました。

やはり受け入れは無理だという空気が漂うなか、商工課長が「被災者の役に立てるならやりましょう」と言ってくれたのです。最終的に福島県被災者の受け入れは、物資調達・配送の延長として商工労働部単独で行うことになりました。「岐阜県は被災者支援のため○○○を行います」という被災地への支援メニューリストを載せた県庁のホームページの最後に、「岐阜県商工労働部は福島県被災者の受け入れを行います」という1行が追加されました。

早速福島県に連絡して被災者の受け入れを申し入れました。福島県の担当者は感謝しつつも「岐阜県は遠いですからね」と逡巡していました。そこで、どのような条件の人なら岐阜に来てもらえるかを部内で議論し、「お年寄りか赤ちゃんなら遠く離れた岐阜県でも来てもらえるのではないか」という結論に達しました。それを福島県に伝えると、「岐阜県まで北陸経由で8時間以上もバスに揺られることを考えるとお年寄りは無理でしょう」との回答でした。最終的に赤ちゃんと妊婦さんを中心に受け入れることになりました。

当時は、交通手段もガソリンも十分には確保されていませんでした。被災者を受け入れるためには、岐阜県側でバスとガソリンを確保しなければなりません。自社バスを保有している銀行からは比較的早い段階で協力をいただけることになりましたが、往復に必要となるガソリンの確保ができません。石油関連の組合や事業者にお願いしても、お得意様用のガソリン確保で精一杯なので協力できないとの返事ばかりでした。国に問い合わせても、自治体は自分で確保せよとのことでした。万策尽きた感が漂うなか、中津川の建設会社の社長から、重機用に確保してあるガソリンを提供してもよいとのお話をいただきました。

しかも、福島県までの往復に必要となる補給用のガソリンを運ぶトラックも貸していただけるとのことでした。電話でお礼を言いながら本当に涙が出る思いでした。

被災者受け入れのため、空いている県営住宅を150戸ほど確保し、第一陣受け入れの手続きに入った段階でトラブル発生です。「部長、大変です！」と受け入れ準備をしていた職員が駆け込んできました。「住宅のお風呂に浴槽がありません」。確保した県営住宅は、衛生上の観点から入居者が自分で浴槽を購入して設置する古いタイプのものだったのです。業者の在庫は既に行き先が決まっており、仮に確保できたとしても設置工事に時間がかかるとのことでした。現地では既に双葉町の被災家族の出発準備が進んでいます。8時間もバスに揺られてようやく到着した被災者にお風呂がないなどとは言えません。なかには赤ちゃんや妊婦さんもいるのです。

苦肉の策として思いついたのが長良川温泉です。せめて到着したその日だけでも温泉に入っていただき、その間に浴槽のある住宅を確保しようという作戦でした。まずは温泉組合の組合長である十八楼の社長にお願いに行きました。十八楼は松尾芭蕉に縁のある老舗旅館です。この頃既にいくつかの銭湯で福島県の方の入湯を拒否したという噂が流れていましたので、ダメ元でのお願いでした。私の話をじっと聞いていた社長は、「福島県から来られた被災者を温泉にだけ入れて帰せと仰るのですか」と言われました。「ええ。8時間の長旅です。妊婦さんや赤ちゃんもいるのです。温泉に入らせていただくだけで結構ですから何とかなりませんか」と言うと、「それはできません」と。やはりだめかと思っていると、社長は「部長さん、ここは旅館ですよ。旅館というのはお風呂に入っていただいた方には食事をしてゆっくりくつろいでいただくのがルールです」と言うのです。十八楼は1泊何万円もする高級旅館です。とてもそんなお金は払えません。「申し訳ありません。県にはお金がないので代金をお支払いできません。何とか温泉だけでも使わせていただけませんか」と重ねて頼むと、「お金は結構です。その代わりすべて通常通りにやらせていただきます」と言われたのです。我が耳を疑いながら「本当ですか！　何人来られるか分かりませんよ」と言うと、即座に「すべてお引き受けします」との返事でした。あまりのことに頭が真っ白になりました。社長は続けて「でもね部長さん。妊婦さんは温泉には入れないんですよ」と言うのです。温泉には雑菌があるので妊娠中の方にはお勧めできないとのことでした。そこでなんと十八楼では、妊婦さんのために浴槽から温泉を抜き去り、洗浄した上で「さら湯」のお風呂を用意してくださったのです。

最初のバスが十八楼に到着したというニュースがテレビで放映されるや県内の多くの方から被災者に差し入れをさせてほしいとの電話が鳴り続けました。こうした支援によってしばらく時間を稼ぐことができ、この間に浴槽のある住宅を確保し、無事入居していただくことができたのです。

第2陣の受け入れ準備を始めようとしていると、知事室に来るようにと連絡がありました。商工労働部が暴走したのできっと叱られるのだろうと思いながら部屋に入ると、知事からは「良い仕事をしてくれたね。昨日、福島県の方からお礼の連絡があったよ」との言葉がありました。その方の話によれば、福島県では、原発の爆発事故が起きた直後に車を運転してとりあえず福島県を離れた方も多かったそうです。しかし、福島ナンバーの車ではホテルも旅館も泊めてくれず、行くアテもなく途方に暮れたそうです。なかには島根県の出雲市まで行った被災者もあったとのことでした。季節はまだ寒く、コンビニに入っても福島ナンバーの車は早く駐車場から出て行ってほしいと言われ、ガソリンも少なくなり、すがる思いで「福島県　受け入れ」でネット検索したら、「岐阜県商工労働部」がヒットしたのだそうです。

物質の調達・配送の延長として始まった被災者の受け入れでしたが、福島県以外の方も含め、岐阜県には最終的に460人近くの被災者の方々に来ていただきました。

何をすることが被災者のためになるのか、すべては手探りでした。震災に限らず、危機管理こそ行政の役割です。そこに課題があるなら逃げてはならない。危機に直面した時、きっと国や自治体が助けてくれるだろうという信頼感。これが日本人のモラルと秩序の根底にあるのだと思います。これに応えることこそ行政官の本務だと確信した仕事でした。

6　交渉とは闘うことではない

岐阜県庁への出向後、国に復帰した最初の仕事が、第1節で触れた再生医療を巡る法制度の改革でした。今でも多くの方から「どうやって省庁の壁を越えてこの改革に辿り着けたのか?」と尋ねられます。改めてその経緯について述べてみたいと思います。

私が再生医療に関わることになったきっかけは、まだ岐阜県庁に出向中の2012年、知事の命を受けて県内にインフルエンザワクチン工場を建設するために奔走したことでした。パンデミック（インフルエンザの大流行）に対応できる最新技術を用いた世界最大級の工場の建設です。ワクチンの製造技術や薬の承認手続きについて勉強し、厚生労働省に支援要請に行きましたが最終的に支援は行われませんでした。ならば、経済産業省からの支援が受けられないか、と工場の重要性を説き3カ月にわたって支援要請を続けました。

最終的に経産省から工場立地支援のための補助金が交付されることになり、補助金の担当である製造産業局長室にお礼に行くと、「経産省には医療制度について詳しい者がいないから、君が戻ってきて担当してくれ」と言われました。こうして製造産業局の生物化学産業課長に就任したのです。

ところがインフルエンザワクチン関連の仕事をするのかと思いきや、着任早々局長室に呼ばれ、「これからは『再生医療』が大事だと思う。まずこれをなんとかしてほしい」と言われました。日本の医薬品・医療機器産業は、その高い技術力を活かしきれないまま、常に欧米企業の後塵を拝しています。経産省としてもこの技術を実用化することで、新たな産業分野を開拓すると共に、世界における日本のプレゼンスを高めたいと考えたのです。「再生医療について何をするのですか？」と尋ねると、局長からは「それは君が考えてくれよ」とやはり経産省らしい指示がありました。

まずは、とにかく再生医療の専門家の話を聴こうと全国を回りました。東京女子医大の岡野光夫教授、大阪大学の澤芳樹教授、理化学研究所の高橋政代博士をはじめまだノーベル賞受賞前の山中伸弥教授からもお話を伺いました。さらに再生医療製品の第1号の承認を得たＪ－ＴＥＣや富士フイルムなど多くの事業者からもお話を伺いました。話を聴くにつれて、再生医療という新しい治療法は現行の法制度に合わないことが見えてきました。黎明期から再生医療に携わってきた方々は、文字通り手探りの状態で研究や事業化を進めてきましたが、薬事法に代表される規制の壁に何度も跳ね返されてきたのです。

その当時、再生医療は薬事法の解釈によって対応していました。薬事法は元々薬や医療機器を対象にした法律です。薬事法下ではやけどの治療で移植する皮膚が「医療機器」、心臓の治療で移植する細胞が「医薬品」と、取り扱いが異なっていました。再生医療の研究者は、同じ方法で細胞を培養したものが時には医療機器、時には医薬品として扱われることに大いに疑問を感じていました。

薬事法は元々薬が広く流通することを前提に作られた法律です。薬は万人に提供するものですから、全く同じ品質のものを製造することが前提になります。このため、「材料は均質でなければならない」とか、「製造工程は無菌状態にしなければいけない」などの条件が要求され、有効性と安全性を確認するため何百人もの被験者を使った比較試験が求められます。しかし再生医療の場合、生きている細胞を無菌にはできませんし、他人の体を使った比較試験もできません。そういう性格のものに医薬品や医療機器と同じ審査を求めたため、第1号の承認が下りるまでに7年もの時間がかかったのです。

経産省として特に高い関心を持っていたのは、再生医療の研究や実用化のために不可欠な「培地」や「試薬」、「培養装置」、「検査機器」、「凍結保存機器」などの周辺産業でした。これらは今もそのほとんどが、アメリカを中心とする外国製です。国内にも自動培養装置をはじめ、培地や試薬など海外製品と比べて何ら遜色《そんしょく》ない製品もあるのですが、医療の現場では全くと言っていいほど使われていません。しかも、再生医療に限らず医療分野では、海外からの輸入品は元値の3倍近い価格で購入するのが慣例になっていました。細胞を培養する際に必要となる培地は、海外で1本200ドルの製品が日本では6万円で購入されていたのです。しかも常に供給途絶のリスクに晒されており研究者にとって大きな負担でした。ノーベル賞受賞後に経産省を訪れた山中教授からは、「日本製の培地を作ってください」と言われました。

なぜこんなことになっているのでしょうか。大きく影響していたのが法制度と商慣行でした。先ほど述べたように、薬事法は万人に処方される可能性がある薬を前提としているため、製造される薬は全く同じ品質であることが重要です。とは言え、生産される何万錠という薬を一つひとつ検査することはできませんので、代わりに原材料も含めて製造プロセスそのものを厳格に管理することになっています。

再生医療に関しても、周辺産業も含めた全体が一つの「システム」として承認されます。この結果、薬事法でいったん承認された培養プロセスを一部でも見直そうとすると、審査を受け直さなければなりません。しかも、その審査にどの程度の時間とコストがかかるのか全く見通しが立たないのです。このため、個々に優れた製品を開発しても、システムに組み込むことができなければ投資回収の目途が立たず、企業として本格的に取り組めない状況に陥っていたのです。

一方、既に承認されたシステムを構成する海外製品は、競争に晒されることなく独占的な取引を享受でき、これが3倍という価格を可能にしているのです。製薬会社にとっては、再審査のリスクを負って日本製の装置や消耗品を使うより、3倍の値段であっても同じものを使い続ける方が楽であり、そのコストは最終的に薬価に反映させて回収できるため、日本製を使うことに消極的になります。この法制度の下では日本に高い技術力があっても、それを活かせないのです。

再生医療は、課長に就任した時点で既に政府や与党の会議でも重要なテーマになっており、その対応策も最終取りまとめの段階に入っていました。しかし、会議でのやり取りを聞いていて「何かおかしい」と感じました。再生医療を薬事法に位置づけることが既定路線であり、「薬事法のなかで再生医療の定義をどう書くか」に議論が集中していたのです。

初めて出席した与党の会議で、委員長が採決を採ろうとした際に思い切って手を挙げ、「そもそも議論が違うのではないですか」と発言しました。通常、国会議員の会議で求められてもいないのに役人が発言をすることはありませんので、たちまち周りから罵声が飛びました。「お前は関係ないだろ！」、「経産省はベンチャーに補助金を出してりゃいいんだよ！」。2回目に会議に行くと私が座るはずの席には厚労省の職員が座っていました。仕方がないので、バックシートから手を挙げて発言を続けました。手を挙げる度に「薬害を知らないやつは黙ってろ！」、「規制緩和などできるか！」との罵声が飛んできました。こちらは「日本の高い技術力を活かすことができれば、質の高い再生医療がもっと安全にもっと安いコストで提供できるのに今の制度ではそれができません。規制緩和を求めているのではありません。制度が合っていないと言っているのです」と主張を繰り返しました。議論は3回目の会議までもつれ込み、最終的に再生医療の定義を薬事法に書くのではなく、法制度そのものの見直しを行うことで取りまとめ案が修正されました。会議が終わるや、厚労省の幹部が飛んで来て、「おまえ、ふざけるなよ！」と摑みかかられました。彼は、「他家《たか》（細胞）なんか、あり得ないんだよ。iPSは絶対やらせないからな！」と叫んでいました。それが再生医療制度の整備に向けたスタートでした。

厚労省との調整は難航し、当初は名刺も受け取ってもらえませんでした。エレベーターの中で「お前どういうつもりだ！」と詰め寄られることもありました。そこで、経産省で専門家の方々を集めて再生医療の実用化に向けた研究会を立ち上げ、課題と対応策を網羅的に整理しました。座長は再生医療学会の岡野光夫理事長にお願いし、メンバーには薬事審査機関であるPMDAからも複数参加していただきました。当初は経産省が主催と聞いて参加を固辞されたり、逡巡される先生もありましたが、中立的な議論をしたいと説得を続け参加していただきました。

研究会を開催するにあたって特に注意したのは、薬害の問題でした。関係省庁が参加する会議ではいつも「薬害を知らないやつは黙ってろ！」と言われましたので、避けては通れないと思っていました。エイズ患者の手記をはじめ、安部英帝京大学教授の裁判記録などを読んで勉強しました。政権が代わってからも、厚労部会などに参加する機会をいただき発言を続けました。当時、超党派による再生医療推進議員連盟が精力的に活動を行っていましたので、議員の先生方とも様々な観点から議論を重ねました。時には部会では語り尽くせず、議員会館に場所を移して議論を続けたこともありました。

そうした活動を一夏続けていたところ、徐々に厚労省の担当者にも話を聞いてもらえるようになり、秋には一緒にお酒が飲める関係にまでなりました。もちろん、厚労省のなかでも一貫して厳しい対応の部局もありましたが、資料や提案を用意して相談に通いました。最後には「経産省がここまで考えてくれるなら、一緒にルールを作りましょう」と言っていただくことができました。当時新たな法制度の方向性を決める基本法を議論する会議には厚労省と文科省だけが呼ばれ経産省は参加できなかったのですが、重要な論点に差しかかった際に私を会議に招き入れ、発言の機会を作ってくれたのは厚労省の課長でした。

こうして一連の法改正が行われ、医薬品や医療機器とは別に「再生医療等製品」という分類が新設されました。改正薬事法（薬機法）では、安全性が確認され、有効性が推定されれば、条件付きで治験のフェーズⅢをスキップして、特別に早期に承認できる「条件及び期限付早期承認」という画期的な制度が導入されたのです。

そもそも厚労省の担当者も、制度が現実に合っていないことは分かっていました。ただ、余りに過去の経緯やしがらみが多く、身動きが取れない状況だったと思います。厚労省と議論を続けるうちに、しがらみのない経産省が問題点を整理し発信することで厚労省とは良い意味での役割分担ができたような気がしています。法案が閣議決定された時、閣議の直後に厚労省の医政局、医薬食品局の課長さんや室長さんたちが揃って私の部屋までお礼に来てくれたのです。

薬事法改正をはじめとする一連の法整備を実現させた結果、日本は再生医療分野では世界最先端の法制度を持つ国と評価されるようになりました。ちなみに、一連の法整備のなかで経産省の果たした役割は小さくはなかったと思いますが、今回の改革で経産省の権限は何一つ増えていません。私たちは決して権限争いをしていたわけではないのです。その代わりその後は、厚労省のどの部局とも円滑にコミュニケーションを図ることができるようになり、政策の企画立案も極めて迅速に行えるようになったのです。

第四章　世界が憧れる日本へ

1　お年寄りはもっと幸せになれる

国や制度は何のためにあるのか。それは人々を幸せにするためです。では、世界に先駆けて超高齢社会を迎えた日本で、高齢者はどれほど幸せになったのでしょうか。高齢者を支える社会保障制度は、世界的に見れば極めて手厚いサービスを提供してくれます。一方、豪華客船にもたとえられる日本の国民皆保険制度は今や沈没寸前、待ったなしの状況を迎えつつあります。しかし、いくら財政が危機的な状況にあるからといっても、既に船に乗っている人を無理に降ろすわけにはいきません。乗船制限を打ち出せば駆け込みで乗ろうとする人が増え、かえって船の沈没を早めます。船のなかだけで解決策を探しても効果的な方法が見つからず八方塞がりの状況です。

先に述べた通り、そうした空気のなかで囁《ささや》かれ始めたのが「死生観」の議論です。このままでは船が沈みそうなので「自主的に船から降りてくれませんか」と暗にプレッシャーをかけているようなものです。徹夜も厭わず頑張って働き、世界トップクラスの経済力を獲得したら、いつの間にか自分たちが「対策」される対象になっていたなんて「何かおかしい」と思いませんか。私たちはどこかで何かを間違えています。歳をとったら幸せでなくても良いと誰が決めたのでしょうか。

私たちがめざすべきもの

かつては、貧しい生活から抜け出し、健康で長生きすることがめざすべきゴールでした。今日、若者にハングリー精神を求める大人たちは、若い頃本当にお腹が空いていたのです。人口が増加する右肩上がりの経済では、懸命に頑張ることで課題の多くが解決しました。

他方、人口が減少に転じ経済が安定期を迎えた今日、物質的な豊かさを手に入れた後の「幸せの形」が見つけられないことが問題なのです。いつの時代も若者はハングリーです。ただ、昔と違って今の若者はお腹が空いているわけではありません。自分の人生をどう生きるか、精神的にハングリーなのです。疲れた中年のサラリーマンと寂しく余生を送るお年寄りの姿を見せながら、若者に夢を持てという方がどうかしています。最期まで楽しく生き生きと過ごすお年寄りの姿を実現することこそ、私たちがめざすべき目標なのです。

「病気になってもちゃんと治療を受けられる」、「介護が必要になってもちゃんと施設に入ることができる」というのが、めざすべき幸せの形ではありません。これは「火事になっても消防が消してくれる」、「泥棒が入っても警察が捕まえてくれる」のと同じです。本来、消防や警察は出動しない方が幸せなのです。「患者や高齢者をいかに幸せにするか」、すべての出発点はそこにあるべきです。そのためには高齢者が幸せになる具体的イメージを持つことが大切です。沈没を回避する方法が見つからない船員たちの悩みも、視点を変えれば全く違うものに見えてきます。患者やお年寄りが幸せになった結果、豪華客船は沈没を免れ、セーフティーネットは本来の役割を果たすのです。

「常識」を変える選択肢

第二章で述べたように、拡大の一途を辿る医療費も、糖尿病とがんと認知症に対するアプローチを変えただけで、その様相は大きく変わると思われます。大切なのは、高齢者は豪華客船に乗ることが幸せだと思っている「常識」を変えることです。その結果、高齢化が進むと医療費が膨らむという「常識」も変わります。

そのためには、船に乗るよりもっと素敵な選択肢を示さなければなりません。つまり、公的保険によって提供される医療・介護サービスを利用するより、遥かに魅力的な選択肢を用意することで、自ら健康管理に取り組むよう人々のモチベーションを高めるのです。船を見下ろす丘の上に豊かでワクワクするような楽しい世界を作るのです。これによって、「将来自分は船に乗るのだろう」と漠然と考えている人たちも、もっと素敵な選択肢があることに気づきます。既に船に乗っている人も、自ら健康になって丘に戻って生活を楽しむことは可能です。そうすれば豪華客船は再び浮力を取り戻し、医療財政を悪化させることなく手厚い医療サービスを本当に必要な方々に提供し続けることができるのです。

絵空事にしか聞こえないかもしれませんが、こうした取り組みこそが「国民皆保険制度」という船の形を維持し、誰一人切り捨てることなく沈没を回避する方法であり、船が持ち堪えている今だからこそできる方法です。誰もが「病気になっている場合じゃない」、「介護されている場合じゃない」と思えるようなわくわくする社会を作るのです。2周目（60歳以降）の人生を楽しく豊かに生きようとする人々のニーズに応えるサービスが生まれることで、医療や介護は安心を提供する重要な存在になるのです。皆が健康を維持することによって節約できた資金は、希少疾患や難治性疾患の治療や研究に回すのです。

2　民間保険で人生を豊かに楽しく

では、豪華客船より素晴らしい選択肢をどのように生み出すのでしょうか。「常識」を変え、新たなサービスを生み出すにも資金は必要です。「健康」に対する関心の低い人に財布を開いてもらうことは容易ではありません。

こうしたサービスを支える資金源として期待されるのが民間保険です。特に生命保険がカギを握ります。生命保険は万が一の時に残された家族を支えるものですから、原則として契約者本人が亡くならなければ保険金は支払われません。しかし最近では、お金を残すべき家族のいない人が増えています。子どもがいない夫婦やそもそも結婚していない人が増加することで生命保険の市場は確実に縮小していきます。そうした方々にとって最終的に必要なのは葬儀代程度で、しかも自分が使うわけではありません。

医療保険も事情は同じです。医療制度の見直しで入院期間は短くなり、月額約10万円以上の医療費は高額療養費制度で支給してもらえますから、実際には加入時に説明されたような高い医療費を本人が支払うことはほとんどありません。民間保険で賄う高額な医療費の前提となっていた先進医療も順次公的保険の対象になっていますから、民間医療保険の必要性はさらに小さくなっています。

新たな保険商品の開発

そこで今後開発が期待されるのが、「楽しんでいるうちに健康になる」、「健康になると得をする」サービスを付帯した保険商品です。この保険のポイントは、本人が生きている間に魅力的なサービスが提供されることです。子どもがいる方であっても、将来最も気がかりなのは、自分が要介護の状態になったり認知症になった場合に、子どもたちに迷惑をかけるのではないかということです。もちろん介護施設に入るという選択肢はありますが、現状では希望する施設に入れる保証もなく、少なくともそれまで家族に負担をかけることは避けられません。

保険会社にとっては、付帯サービスにコストをかけても、契約者が健康を維持することで保険の事故リスクは低くなり、収益アップにつながります。具体的には、定期的な健康アドバイスが提供されると共に、フィットネスクラブやリラクゼーション施設などの利用、グルメな食事会や温泉旅行、あるいはボランティアや社会貢献の機会の紹介、さらには、住居や施設の斡旋《あっせん》など様々なサービスが考えられます。その保険は健康管理だけでなく、老後の人生の不安を取り除き、居場所や役割の提供まで行ってくれるという優れものです。仮に障害や持病があっても、それに応じたサービスをアレンジしてくれる保険も必要です。さらに、健康管理目標を設定することによって追加的なインセンティブを付けることも効果的でしょう。どのようなサービスが提供されるかが保険商品の魅力につながります。

これらのサービスに加えて、亡くなった際の葬儀の実施、遺言に従って財産を処分し、永代供養のサービスを付帯することも考えられます。実は、こうしたサービスこそ今日最も必要とされているのですが、現実にはほとんど存在しません。個人的に弁護士を雇うことでもしない限り実現しないのです。この結果、身寄りのないまま亡くなった方は無縁仏になり、財産は国庫に入るだけです。

保険ビジネスの転換

もちろん保険商品ですから、その設計には事故リスクを計算できるデータが必要です。第二章第5節で述べた「クオリティデータ」の収集を行うことによって、そうしたリスク計算も可能になると思われます。ただ、今後遺伝子検査ビジネスやウェアラブル端末などの診断・計測機器が普及するにしたがって、リスク計算が複雑化し過ぎて保険商品自体が成り立たなくなることも考えられます。また、あまりにサービスが充実し過ぎると保険商品としての認可が下りない可能性もあります。その場合には、商品設計を逆転させ、豊かな人生を送るためのサポートサービスを基本とし、これに若干の生命保険や医療保険を付帯させればよいのです。毎月何万円も支払っている保険金の半分以上をそちらに回しても十分お釣りがくると思われます。

実際、日本人は世界的に見ても保険好きの国民と言われ、民間の生命保険や医療保険に毎月かなりの金額を掛けています。生命保険文化センターによれば、1世帯あたりの年間払い込み保険料は平均で45・5万円だそうです。これはあくまで平均ですから、人によってはもっと多くの金額を毎月掛けています。平均に属する方でも、これを20年間払い続けると1000万円近くになります。保障を厚くするとその分保険料も上がるので、生涯で2000万円以上保険料を支払う人も珍しくありません。

しかし、先ほど述べたように、実際にこうした保険の恩恵を受けられる可能性はかなり低いと思われます。それが保険というものだと割り切れるなら良いのですが、その一方で認知症やフレイルの増加によって自治体に支払う介護保険料はどんどん引き上げられているのです。そうであれば、民間保険を見直して、より直接的なサービスを受けられる商品に乗り換えるべきでしょう。介護が必要となってから公的保険で面倒を見てもらうより、楽しい生活を送ることで介護のリスクを減らす方が、よほど意味のあるお金の使い方ではないでしょうか。

健康なお年寄りが増えれば介護保険の軽減につながるため、自治体に支払う保険料も抑えられます。同じお金でも民間の保険会社が低い利回りで運用するより、その資金を新たなサービスの原資に回すことで、健康ビジネスのための大きなマーケットを出現させる方がよほど有意義です。既に民間保険に多額の掛け金を支払っている人は、商品を見直すだけで新たな負担は必要ありません。しかも、加入と同時にサービスが提供されるのであれば、少しでも早く乗り換えた方が人生を楽しく充実させることができるのです。

民間保険のアドバンテージ

こうした商品は公的保険ではないので、金銭的に余裕がある人は高額な保険に加入し、より豊かで魅力的なサービスを受けることができます。加入者が増えサービスの利用者が増えれば、サービス内容は充実する一方で価格の引き下げ効果が期待されます。この結果、より多くの方々が魅力的なサービスを利用できるようになるのです。

このメカニズムこそが民間保険と公的保険の違いでありアドバンテージでもあるのです。民間保険が提供するサービスによって健康な人が増えれば、民間保険会社による支払い負担が減るだけでなく、公的保険の財源も温存されることになります。加入者が増えサービスが充実するほど社会全体が幸せになる仕組みが生まれるのです。

こうした取り組みが進めば、公的保険はもっぱら事故や感染症など不可抗力のリスクに対応するという保険本来の役割に戻るでしょう。高額療養費制度もそのまま維持することが可能になります。誰もが同じサービスを受けられるという公的保険の基本を考えると、今後は、掛け金に応じてサービス内容が変動する健康維持を目的とした民間保険と、病気になった際の医療費を保障する公的保険のハイブリッドな仕組みを構築すべきなのです。

3　健康を楽しくおいしくするヘルスケア産業
――健康は我慢することではない

メタボ予防のために国が定めた「特定健康診査」の受診率は、現状約50％に留まっています。受診をしない人のなかには制度を知らなかったり、面倒だと思っている人もいるでしょうが、多くの人は仕事が忙しかったり、他のことに関心が向いているなど、本人の意識のなかでの優先順位が低いことが原因だと思われます。特に、健康診査ではかなりの時間を拘束され、「ひょっとすると悪い情報を知らされることになるかもしれない」という心配も手伝って、ますます足が遠のいてしまうといった指摘もあります。

健康が大切であることは誰もが理解しています。しかし、それを具体的な行動に移すためには、大きなハードルを越える必要があります。こうした人たちの行動を変えるには、「健康」を目的にしないことが重要です。特に若い世代にとって、健康は当然過ぎてその重要性に気づかないものです。残念ながら健康は失って初めてその価値に気づくものです。したがって、ヘルスケア産業の基本は健康を目的にするのではなく、楽しいから運動をし、おいしいものを食べたら栄養のバランスが整うなど、結果的に健康になることなのです。「健康づくりは面倒」、「摂生は我慢」という「常識」を転換することが必要です。

健康は楽しい・おいしい

民間保険から健康づくりサービスに資金が供給されるようになれば、ヘルスケア産業が活性化し、様々なサービス開発が行われるようになります。先ほどの民間保険で言えば、加入者には「健康は楽しい・おいしい」を実現するための健康管理サービスや、楽しいイベントの機会が提供されます。例えば、日本人の女性は高齢になるほど必要タンパク量が多くなりますので、時にはステーキなど豪華な食事を摂ることも健康を維持するために必要です。このステージにある人は、医学的にも「健康」イコール「我慢」ではありません。こうしたサービスが充実してくると、もはや保険というより人生を最期まで豊かに過ごすための伴走サービスのようなものです。

こうしたヘルスケア産業は、楽しさだけでなく効果を適切に把握することが重要です。これに伴い健康状態を簡易にかつ正確にチェックするための様々な計測機器・デバイスも必要になります。こうしたデバイスや計測サービスは、既に健康への関心が高い人向けにはある程度提供されているのですが、健康に関心のない人に向けたものは不足しています。より良いサービスが市場に出回るような環境作りこそ産業を発展させるベースになります。このため第三者機関による認証や一定のルール作りも必要です。品質が保証されることで、これらのサービスが民間保険に組み込まれ、より楽しくより効果の高いサービスが選択される仕組みが実現するのです。

楽しい・おいしいを追求したら結果的に健康になってしまう。そんなサービスが溢れていたら歳をとるのも悪くありません。楽しい・おいしいを担うのは、栄養士や理学療法士、フィットネスクラブのインストラクターといった専門知識を持った方々です。これまで、医療・介護では脇役だった方々が主役として登場することになります。

世界が求めるヘルスケア産業へ

こうしたヘルスケア産業は、今後急速に高齢化が進むアジアの国々にとっても重要です。今後急増する高齢者を医療と介護だけで支えることは不可能です。中国政府の言葉を借りれば「日本は経済が豊かになってから高齢化を迎えたが、中国は豊かになる前に高齢化に突入してしまう」のです。彼らに必要なのは最先端の医療技術だけでなく、病気にならないためのサービスであり、これらを開発・供給する産業群なのです。

さらに、インドネシアなど東南アジアの国々でも健康問題は深刻です。経済発展に伴い、糖尿病をはじめとする生活習慣病が急速に増えています。これらすべてを薬や人工透析で受け止めることは不可能です。こうした問題に新たな解決策を提供することは、日本にとって重要な国際貢献であると共に、大きなビジネスチャンスでもあるのです。

4　企業文化の転換——真の働き方改革に向けて

生涯を通じて健康であり続けるには、若い頃から健康管理に取り組むことが重要です。そのためには、1周目の人生の多くの時間を占める「職場」の環境や、企業文化が変わらなければなりません。これまで企業にとって従業員の健康管理は、「コスト」と認識されて来ました。労働安全衛生法などで従業員の健康管理が企業の「責務」として定められ、企業の負担で保険や健診などを用意してきたためです。その一方で生活習慣の乱れが招く健康上の課題は、従業員の自己責任とされてきました。

しかし、本来「健康」は「経営」の対立概念ではありません。むしろ、従業員の適切な健康管理は企業にとって〝投資〟です。人材（＝人財）こそ、企業の競争力の源泉であり、重要な経営資源なのです。企業における「健康経営」の取り組みは、近年着実に広がりつつあります。健康経営は、従業員の健康管理を重要な経営戦略として位置づけるものです。「働き方改革」の推進や労働市場の逼迫とも相まって、職場における従業員の「健康」の優先順位が上がりつつあるのです。

成熟経済におけるビジネスモデル

企業経営にとって従業員の健康がいかに重要であるかは、リーマンショックによる未曽有の大不況からいち早く業績を回復した企業の経営者たちが証明しています。こうした不況のなかでも急速に業績を回復する企業は存在するのですが、興味深いことにその経営者の多くが女性でした。彼女たちによれば、「従来型の（男性）経営者は、不況になると従業員に『売れるものを探してこい！』と命じ、それが見つかると『少しでも稼働率を上げるために徹夜で頑張れ！』と指示する。これは高度成長期のビジネスモデル。こんなことではすぐに安い海外製品に追いつかれジリ貧になる。今はモノもサービスも溢れている時代。お客様が何に困り、何を求めているのかについて、お客様の立場に立って考えれば仕事はいくらでもある」と言うのです。残業や寝不足で疲れた従業員にこうした取り組みを求めても無理であり、従業員が健康であることは企業経営にとって当然の条件なのです。社会の高齢化と共に経済も成熟するなか、企業にもビジネスモデルの転換が求められています。これからは、従業員の健康管理が経営戦略の重要な部分を占めることになるでしょう。

企業文化としての「健康経営」

今後、急速な少子化と相まって生産年齢人口の減少が進み、企業はますます少ない人員で最大の経済価値（商品やサービスなど）を生み出すことが求められます。そのためには、優秀な人材を確保して長く定着してもらい、従業員一人ひとりのパフォーマンス（労働生産性）を向上させなければなりません。こうした観点から健康経営を実践する企業には、多くの金融機関（とりわけ地方銀行）が高い関心を寄せています。いわゆる「ホワイト企業」として良い人材が確保できる中小企業は、優良貸出先なのだそうです。最近では健康経営に積極的な企業向けに、貸出金利を優遇する仕組みも全国各地で準備されています。

今後は、従業員が健康管理に取り組みやすい環境を会社が自ら考えて整備することが期待されます。その際、従業員の健康管理の負担を軽減するための各種サービスや計測機器などの開発は必須です。第二章第5節で述べたように、ウェアラブル端末やＡＩを活用し、健康状態が自動的に記録され的確な指導が行われる仕組みは今後急速に普及するでしょう。また、歩きたくなるようなオフィスのレイアウトや、自動販売機の中身を無糖飲料に限るなど、意識せずとも健康的な生活を送れる職場環境を整えることも重要です。

従業員の中には、それでも健康管理に取り組まない人も少なくないでしょう。こうした人たちの自覚を促すためには、ディスインセンティブ型の仕組みも必要です。既に一部の企業では、健康診断を受診しない職員は、その上司も含めてボーナスをカットするという取り組みも行われています。健康診断も受診せず、健康を悪化させてしまう社員は、社会保障費の増大を通じて会社に損失を与えるからです。

かつて、環境問題への対応が「コスト」から「企業戦略」に変わったように、「健康経営」を一過性のトレンドで終わらせず、我が国の誇るべき〝企業文化〟として定着させることが重要です。こうした取り組みが企業経営を支えると共に、若い頃からの健康管理の取り組みを習慣化し、生涯を通じて健康を維持できる「生活しているだけで健康になる社会」への礎となるでしょう。

5　地域包括ケアがめざすべきもの――お年寄りの笑顔が溢れる街づくり

次に、地域社会の在り方を考えてみましょう。その前提になるのが2025年を目途に整備が進められている「地域包括ケアシステム」です。これは、医療と介護を地域ごとに融合させ、高齢者が住み慣れた土地で自分らしい人生を全うできる社会をめざすものです。

これまで全国の自治体が行ってきた社会福祉政策は、国によって箸の上げ下ろしまで逐一コントロールされ、その代わりに必要な資金を国から供給してもらえるというスタイルでした。それが国の財政逼迫を背景に「もう国は面倒見ないから、自分たちでなんとかしなさい」と言われたのが「地域包括ケア」の実態です。これまで親に庇護されてきた子どもが、少しの生活費を渡されて寒空に放り出されたのと同じ状況で、多くの自治体が困惑しています。

ただ、見方を変えれば、これは街ぐるみで「楽しくおいしい健康づくり」の環境整備に乗り出す絶好のチャンスです。全国的に見ても財政的に余裕のある自治体は少ないため、自治体独自で立派な介護施設を作ることは無理でしょう。しかし、今、本当に必要なのは立派な施設ではなく、高齢者が安心して活き活きと暮らせる街づくりです。それは同時に、若者も子育て世代も健康で安心して暮らせる住みやすい街でもあるはずです。「国は金も出さないが、口も出さないのだ」と気づいた自治体から成功例が生まれるでしょう。地域の特性をいかに活用するか、アイディア勝負です。

街づくりの視点

こうした街づくり政策を考えるにあたり、まずは「高齢化対策」という表現を避けるべきです。「対策」という言葉を使うことで、高齢者をどうにかしようという発想に陥ってしまいます。お年寄りに肩身の狭い思いをさせてはいけません。認知症も「病気」として治療する前に、まずは、自由に歩き回れる環境や役割を提供することです。大切なのは、自分の居場所があり、役割や「ありがとう」と言われる機会が十分に用意されることです。同時に、可能な限り自分のことは自分でする生活を基本とすべきです。「介護されている場合じゃない」と思える環境があれば、それは自然に達成されます。

また、認知症で大切なのは、介護を家族に押し付けないことです。街全体で支える仕組みを構築することが重要です。認知症は一種の老化現象です。一方で、自分の役割を意識すると共に、居場所を確保することでその進行を遅らせられる可能性があるのです。

家に閉じ籠って何もしないのではなく、積極的に外出することは、街づくりが担うべきテーマです。ある地域では軽度認知症の方が駄菓子屋の店番をしたり、子どもたちの集まる場所での見守りをしたりと、新たな役割を担っていただく取り組みも始まっています。お年寄りにとって、自分が昔得意だったものを思い出すことは、効果的な認知症対策になるようです。お年寄りの持つポテンシャルをうまく引き出すことができる環境が整えば、お年寄りの笑顔が溢れる街づくりができるのです。

魅力ある街づくりへ

地域を見渡せば様々な人材や資源が見つかります。人と人とをつなぎ、地域の資源を活かすことができれば、お金をかけなくても「健康になれる」、「住んでみたい」街づくりは可能です。他の地域が羨む魅力に溢れた街にこそ「生涯現役社会」は実現します。

そうすることによって、医療費や介護費の負担が相対的に少ない豊かな自治体となっていくだけでなく、「産業」が生まれる可能性も秘めています。例えば、第2節で提案した「人生を豊かに楽しむ」民間保険に、田舎暮らし体験や農業体験をセットにすることが考えられます。こうしたヘルスツーリズムで活かせる地域資源は、温泉や森林資源といった自然環境だけに留まりません。日本の高齢者が社会的存在として活躍し楽しく働きながら健康を維持している姿は、外国の方にとって驚くべき光景なのです。2周目の人生が決して「余生」ではないことを世界に示しつつ、地域の活性化も実現できるのです。

6 生きがいの場としての農業――大規模化・効率化は本当に必要か？

「生涯現役社会」を実現する「住んでいるだけで健康になる街」づくりに欠かせないのが農業です。収入や食糧確保の手段としてだけでなく、農業は2周目の人生における活躍の場として極めて重要な要件を備えています。

野菜などを育てる農業は、その性質上種まきと収穫の時期に作業が集中します。それ以外の時には大きな仕事はないのですが、毎日必ず様子を見に行く必要があるなど、効率化を図り難いという特徴があります。こうした農業の特徴を克服するため、これまでの農業政策は、「生産性向上」を旗印に機械化と大規模化を推進してきました。この結果、今日の農業は流通システムに主導権が握られ、機械化による効率を上げるため、大量に栽培し、大量に収穫し、形の良いモノだけ段ボールに詰められて遠くへ運ばれて行く仕組みになっています。大規模農業では効率性が優先され個性は削ぎ落とされます。そこではスピードと価格以外の付加価値は劣後していくのです。

農業は生き物を育てる仕事

しかし、農業は生き物を育てる仕事です。手間暇かけた作物は、おいしさが違います。実際食べてみれば作物の良し悪しは分かります。高付加価値の食材を供給する比較的小規模な生産農家と、高級レストランやスーパーなどとの直接提携が増えつつあることがそれを物語っています。また、今日私たちが食べている米の半分以上は、自主流通米と呼ばれるブランド米です。他方、農協が扱う大規模生産による規格米の多くは、家畜が食べているのです。

そこで、農業の持つ作業量のアンバランスさのうち、毎日の見回りなどを高齢者に担当してもらえば、無理に大規模化や機械化をしなくても済みます。土に触れ、生産の喜びを味わうことで精神的にも充実感を得られ、目的を持って体を動かすきっかけとなります。仮に体が弱っても農業アドバイザーであり続けることはできます。しかも、自然が相手ですから、昨年と同じことをやっても同じ結果にならない面白さがあります。ある意味子育て同じです。面倒ばかりで手間がかかりますが、愛情をかけただけちゃんと応えてくれます。その上で、種まき・収穫・搬送といった比較的負荷のかかる作業は若い世代が担う仕組みを用意すれば良いのです。

人々の生きがいとしての農業

こうして作られた農作物は必ずしも市場経済化させるだけでなく、地域の人々の間での物々交換を通じたコミュニケーションや信頼関係の構築にも重要な役割を果たします。

また、農業は認知症対策としても有効です。首都大学東京や慶應義塾大学の研究では、軽度〜中等度の認知症高齢者に園芸活動（ハッカダイコンなどの種まき〜収穫）を実施してもらったところ、意欲の向上や行動症状の軽減、認知機能の改善をもたらす可能性が示唆されました。日常的に農作業を行っている人は、高齢になっても認知症が少ないか認知症の進行が遅いと言われています。オランダには、認知症患者に農作業を含むデイサービスを提供する「ケア・ファーム」と呼ばれる農家があり、世界的にも注目されています。

日本でも有名な成功例は、徳島県上勝町の「葉っぱビジネス」（株式会社いろどり）です。日本料理に付け合わせる季節の葉や花などを、おばあちゃんたちを中心に栽培・収穫し、全国に販売しています。ちなみに上勝町の医療費や介護費は全国平均の半分以下と言われています。しかも、葉っぱビジネスの効用は医療費や介護費の削減に留まりません。町長によれば、「おばあちゃんたちが嫁の悪口を言わなくなった」のだそうです。葉っぱを出荷するためには、軽トラックで集荷所まで運ぶ嫁の役割が不可欠だからだというのです。こうして嫁姑が仲良く協力していると、家庭の雰囲気が良くなるため、子どもが夜に外出しなくなり非行も減ったと言います。このように、「葉っぱビジネス」は、単に高齢者に収入の道を開いただけでなく、居場所と役割を与え、その上社会全体に様々な良い効果をもたらしているのです。

実は、同じようなビジネスは他の地域でも成功しています。岐阜県の例では、二人の高齢の女性が始めた小さなバザールがお年寄りの方々に自分で育てた野菜や花をお金に換える機会を作っただけでなく、レストランも併設することで地元の主婦の重要な働き口になっています。ここでは、高齢者が朝早くから花や作物を遠くから運んできます。こうした取り組みが地域の経済を活性化し、どれほどお年寄りの活動量と生き甲斐を増やしたことでしょう。

「懐かしい未来」の実現へ

農業の見直しから見えてくるのは、いわば「懐かしい未来」です。懐かしいと言っても単に過去に戻るのではなく、過去の良いものを取り戻しつつ、今の時代に合わせて豊かに生きることです。「里山資本主義」（資本主義のなかに、お金に依存しないサブシステムを再構築する考え方）とも重なる部分はあるかもしれません。ただし、何よりも大事なのは、「そこに高齢者が2周目の人生を輝かせる場所がある」ことです。

7 「サ高住」から「シ高住」へ——誰もが役割と生きがいを持てる暮らしを

超高齢社会の街づくりに向けたもう一つの提案が、地域の仕事や役割がセットになった高齢者向け住宅です。サ高住（サービス付き高齢者向け住宅）ならぬ、「シ高住（仕事付き高齢者向け住宅）」です。ここでの仕事はお金を稼ぐことが目的ではありません。自分が何らかの役割を果たしその喜びを実感するためのものです。むしろ「幸せ付き高齢者向け住宅」と言った方が良いかもしれません。介護施設では、介護保険によって手厚いサービスが提供される一方で、入居者からは「何もさせてもらえない」といった不満の声を聞きます。

まさに認知症への近道です。皮肉なことに、充実したサービスが提供される施設ほど家族は安心してしまい、高齢者の様子を見に来なくなるそうです。本人は家族から見捨てられたような気持ちになり、ますます認知症へのステップを加速させてしまうそうです。

「シ高住」では入居者が施設の中や地域での役割を担います。地域の子どもの見守りや、学童保育の先生、祭りの仕切り役まで、一人ひとりの個性や特技に合わせ、地域が必要とする仕事を請け負います。早稲田大学の研究からは、地域活動への参加で認知症リスクは22％減り、そのなかで世話役などの役割を担うと、さらに19％減少することが報告されています。めざすべきは、1周目の世代が2周目の世代を支えるのではなく、2周目の世代が1周目の世代を支える社会です。まさに「常識」の転換です。

バリアフリー住宅で不健康に?!

ちなみに「シ高住」では、原則として完全バリアフリーを見直すべきだと思っています。段差を徹底的に排除したバリアフリー住宅は、車椅子などの方には必要なのですが、まだ十分歩くことができるお年寄りがバリアフリー住宅のなかだけで暮らしていると、下半身の筋肉が衰えてしまいます。段差がないためすり足で歩くようになると、腿とふくらはぎの筋肉が落ちます。下半身の筋肉は、血液を循環させるための重要な役割を担っており、特にふくらはぎの筋肉の収縮は、下半身の血液を押し上げるポンプの役割を果たしています。脚が第二の心臓と言われる所以《ゆえん》です。

下半身の筋肉が衰えると、心臓だけで体中の血液を循環させなければなりませんので、どうしても血圧が上がります。病院では血圧だけを見て降圧剤が投与されるため、全身への血液の循環が悪くなり、体がふらついて、転倒、骨折、寝たきりへとなだれ込むことになります。介護事業者の方によれば、最も転びやすい段差は約2センチだそうです。明確な段差があれば人はそれを認識して対応できるのですが、小さな段差は認識できないため、絨毯《じゅうたん》の端や滑り止めの出っ張りなどで転んでしまうのだそうです。

街づくりや家づくりの際には、体が衰え弱った状態を考慮することは重要なのですが、健康長寿社会をめざすのであれば、全てをバリアフリーにしてしまうのではなく、健康な状態を基準に住宅を作り、その上で車椅子の方々が利用できる仕組みを併設するといった対応が必要だと思われます。ここでも「常識」の転換が必要です。

最期まで自律できる環境を

こうした施設が実現しても、認知症がなくなることはないでしょう。認知症は老化現象でもあるからです。しかし、仮に認知症になっても自分のことは自分で決め、出かける自由を確保することも大切です。高齢者を町全体で見守り、見かけたらちょっと声をかける。理想は「徘徊できる街づくり」です。認知症の高齢者が徘徊したとしても（本当は〝徘徊〟ではなく、目的を忘れただけなのです）、20㎞も30㎞も歩けるものではありません。センサーを配布して身に着けていただき、あとは街全体で見守っても良いでしょう。見かけた人がちょっと声をかけるだけでも、リスクは大きく軽減されます。子どもたちにとっても、「老い」を間近に見ることは大切な経験になります。

ただし、認知症が進んだ場合には、十分なケアが必要です。本人だけでなく家族や周囲の人々のためにも、適切な居場所とサービスが用意されなければなりません。節約できた介護保険の資金は、こうしたサービスに手厚く投入されるべきなのです。

そのようにして多様性を共有できる環境が整えば、高齢者だけでなく、子育て世代や子どもたちなどあらゆる世代にとって暮らしやすい街になるでしょう。それが、生涯現役社会と共にある「住んでいるだけで健康になる街」の姿です。

8　人生の完成に向けて――ドラマの最終章はハッピーエンドで

いかに「生涯現役社会」を作っても人生の終わりは必ず来ます。日本では皮肉なことに、8割の人が住み慣れた場所で死を迎えたいと望みながら、8割の人が病院で亡くなっています。これは先進国のなかでも圧倒的に高い比率です。前にも述べたように今の医療は私たちの日常から「死」を遠ざけてしまいました。しかも、病院に見舞いに行けば患者の苦しむ姿や変わり果てた姿だけを見せられ、次に会うのは亡くなった時です。これでは「死」は怖いもの忌み嫌うべきものというイメージしか持ちようがありません。

ドラマの最終章をどのように演じるか

このことがもたらす最大の損失は、私たちが人生を完成させる最も重要な時間をどのように使うべきかというテーマを見失ってしまうことです。人は誰もが自分が主人公であるドラマを演じています。その最終章をどのように演じ切るかで、ドラマ全体の価値が決まります。「終わり良ければすべて良し」という言葉があるのに、どうして私たちの人生のドラマにはそれがないのでしょうか。誰もがドラマの終わりはハッピーエンドを望むものです。「あの亡くなり方は良かったよな」、「自分もあんな風に亡くなりたい」と思える死のイメージを持っている人は、ほとんどいないのではないでしょうか。

亡くなり方を考えるにあたって、まずは最期までの時間の過ごし方を考えてみましょう。山あり谷あり、何十年という人生のドラマを演じてきたのです。最終章では会いたかった人に会い、食べたかったものを食べ、行きたかった所に行くべきでしょう。飢えに苦しみ戦争の恐怖に脅えていた時代とは違います。今はそれが可能なのです。自分の力でハッピーエンドを作ることができるのです。自分が「生き切った」実感を持つことができれば、こんな素敵な人生はありません。「納得して死ぬ」とはそうしたことではないでしょうか。

この際、医者の役割は極めて重要になります。人の体が老いて弱っていくプロセスをしっかり管理し、最期までの時間のなかで、「できること」と「できないこと」について、説得力を持って伝えることはかかりつけ医の重要な役割です。

生きた証を残すために

人は自分が「生きた証」を残したいものです。昔は沢山の子どもを産み育て、家や田畑を残すことでその望みはある程度叶えられていたのでしょう。しかし、今は子どもがいない夫婦も多く、生涯独身で過ごす方も珍しくありません。仮に子どもがいても一緒に暮らしていないケースも多く、人生の最終段階における状況は誰もそれほど変わらないかもしれません。つまり、自分が人生の最期を誰とどのように過ごし、自分がいなくなった後のことを心配するのは、誰にとっても同じ課題なのです。誰もが自分が生きていたことを誰かに覚えていてほしいと願うものです。ただ、昔より今の方が自由度が高いことだけは間違いありません。それなら「新しい家族の形」を作れば良いのです。

今後女性の一人暮らし世帯が増えると予想されており、2050年には100歳を超えるお年寄りが70万人になり、そのうち8割が女性と言われています。そうしたなか、最近、夫を看取った後の人生を仲の良い友人たちと一緒に暮らす女性が増えています。いわゆるシェアハウスです。介護施設ではありませんので何の制約もありません。また必ずしも同世代だけで集まる必要もありません。毎日お喋りをする相手がいて、一緒に旅行や食事に行き、お互いにお互いの生活をサポートします。先に亡くなる方は後に残された方に財産を託し、残された方は亡くなった方が生前望んだ形の葬儀を行い思い出を語る。「新しい家族の形」です。こうした取り組みが安心して行われるためには、一定のルールを整備することも必要でしょう。

「与えられた人生をいかに楽しく有意義なものにするか」というテーマに自ら制約をかける必要はありません。健康長寿を実現した社会における新しい「幸せの形」を探すのは、とても楽しいことだと思いませんか。

この国に生まれて良かったと思えるために

こうした環境を整備した上でぜひ実現したいのが、障害のあるお子さんを持った親御さんが安心して亡くなっていける社会です。人生の終わりを美しいものにできない最大の原因が「後ろ髪を引かれる思い」です。自分がいなくなった後、自分の子を託せる仕組みがあれば、安心して人生に幕を降ろすことができます。人生の最期を迎える際に、誰もが「この国に生まれて良かった」と感じられる社会こそ、めざすべき未来の姿でしょう。

人生を「生き切った」と感じる時、初めて本当の「死生観」が生まれるのだと思います。誰もが最期までの時間を、楽しく充実したものとして生きられるような社会が実現した時、日本は世界から見て間違いなく「憧れの国」になるでしょう。１０００年に一度とも言える転換期にあたり、そんな社会をめざす取り組みに挑戦しようではありませんか。

© 田川秀樹

このイラストに描かれた理念は、映像にもなっています。インターネットで「生涯現役社会　動画」をキーワードに検索すると、この画像が出てきます。再生してご覧になってみてください。
https://www.youtube.com/watch?v=kqAzQEC71FE

おわりに

2018年は明治維新から150年です。江戸時代末期、世の中に不安と閉塞感が蔓延《まんえん》するなか、より良い社会を創るために立ち上がった人たちがいました。初めは誰も「大政奉還」などと大それたことを考えていたわけではありません。しかも、彼らの思い描く「未来の姿」は、それぞれに違っていたと思います。それでも「何かおかしい。今のままではいけない」と信じて行動を起こしたことが、その後の日本へとつながりました。

国や制度は何のためにあるのか。それは人々を幸せにするためです。長く続いた戦乱の世を終わらせ、260年以上にわたる平和を実現した江戸幕府も時代の変化のなかで終焉を迎えました。世界史のなかでも稀にみる平和と安定を実現した江戸幕府は、時間の経過とともに自ら創り上げた「常識」や「掟《おきて》」に縛られ身動きが取れなくなっていったのです。

しかしだからと言って、江戸幕府の誰ひとり民の不幸を望む者などいなかったと思います。ただひたすらに前例を踏襲し、与えられた任務を果たしてきただけなのです。

社会は常に変わり続けます。その変化に気づき適切に対応できるかが、その後の展開を大きく変えます。「超高齢社会」という人類がこれまで経験したことのない時代が、暗く沈滞したものになるか、それとも明るく楽しいものになるかは、他の誰でもない私たちが選ぶのです。時代の変化に頬かむりしてやり過ごすことはできません。少しでも早く適切に舵を切ることが必要なのです。

明治維新という社会の変革には相応の犠牲が伴いました。しかし、同じ変革でも太平洋戦争の犠牲はあまりに大き過ぎたと言わざるを得ません。この二つの出来事は、変化に対応できなかった場合のコストが、想像を絶するほど大きなものになることを教えています。太平洋戦争の終盤では、多くの人が「おかしい」と感じながらも、それまでの取り組みに囚われ、「仕方がない」と流されてしまったことによって、壊滅的な最期を迎えたのです。

他方で、私たちが明治維新に学ぶべきは、大きな時代の変革期にあっても、信頼関係を築くことができれば、通常では考えられないような選択肢も実現可能だということです。

長年の宿敵と手を結んだ「薩長同盟」や、全面戦争を回避した「江戸城無血開城」など、世界の歴史を探しても同様の事例はなかなか見つかりません。坂本龍馬の残した「新政府綱領八策」には、徳川幕府をも取り込むことを伺わせるような表現さえ入っているのです。アジア各国が次々と植民地化されていくなか、こうした取り組みが日本の独立を維持することにつながったのではないでしょうか。

過去の歴史を振り返る時、私たちは無意識にそれを必然の出来事と感じてしまいます。しかし、その時代を生きた人々にとっては数多くの選択肢の一つに過ぎません。しかも、実際にどの選択肢を選ぶかは、紙一重であったと思われます。

実は、第三章第4節で紹介した日系ブラジル人の帰国支援の説明会前日、たまたま見た杉原《すぎはら》千畝《ちうね》のドラマに思いがけない発見をしました。杉原千畝はナチスに追われたユダヤ人たちに独断でビザを出し6000人を超えるユダヤ人の命を救った外交官です。もちろん以前から杉原千畝のことはよく知っておりこのドラマも何度か見ていました。ところが、帰国支援の説明会を翌日に控えた状態では、同じドラマがそれまでと全く違って見えたのです。杉原千畝の話を聞く時、私たちは彼の取り組みが成功し国際的にも高く評価されたことを知っています。ある意味心のどこかで安心してドラマを見ているのです。しかし、明日の説明会で暴動が起きるかもしれないという不安のなかでドラマを見た時、杉原千畝の決断がいかにぎりぎりの選択であったかを感じて、身震いする思いがしたのです。

幸い私たちは、これほど厳しい状況に置かれているわけではないと思っているはずです。しかし、「時代の転換期にあっても、同時代を生きる者には日常である」という言葉が示すように、単に厳しい状況に気づいていないだけかもしれません。これから私たちが選ぶ選択肢によって未来は大きく変わるのです。

行政の仕事は、時代や社会の変化に伴う政策課題をいち早く見つけ出し、適切に対応することです。ではその政策課題はどこにあるのか？　実は政策課題はどこにでもあります。よく「現場を回って政策課題を探せ」と言われますが、実際には、政策課題だけでなく、その答えも現場にあります。現場で何が起き、何に困っているのか。何度も足を運び相手の話をしっかり聴いていると、徐々にここだというポイントが見えてきます。一度や二度話を聴いただけでは不十分です。何が問題でなぜそうなっているのか。それをどう変えたら何が起きるかまで突き詰めて考える必要があります。その結果何をすべきかについての心証が形成されたら、あとはそれをどうやって実現するかに全力を注げば良いのです。

ここで注意しなければならないのは、「知識」と「常識」に惑わされることです。これまで取り組んできた制度改革では、制度を所管する部局は、現状に問題があることを十分把握していたと思います。同時に、彼らは細かい法律の規定や経緯なども熟知しています。自治体職員も、外国人の帰国支援や被災者の受け入れが、社会にとって必要なことは理解しています。一方で、マスコミからの批判や被災者の生活支援の難しさも理解しています。それらを知れば知るほど、「知識」や「常識」に囚われてしまい、その範囲のなかでしか問題の解決策を探ることができなくなるのです。

また、物事にはタイミングが大切です。大きな流れが出来てしまってからこれに逆らうことは容易ではありません。どのような問題でも「今しかない！」という瞬間があります。それを逃すと、流れを変えることは難しくなります。大切なのは、「普通の感覚」です。色々と事情はあるし経緯はあるかもしれないけれど「おかしいことはおかしい」と言える感性を持ち続けることです。日々の生活のなかで感じた「おかしい」を、具体的な行動に移すか、「仕方がない」と言って見逃してしまうか、その差はほんのわずかなのです。

世界の国々から見た日本の存在は、私たちが考えているほど小さなものではありません。今後、途上国も含む世界の国々が直面するであろう高齢化の問題に、世界で最も高齢化の進んだ日本がどのように対処していくのか。とりわけ、高齢化の進展と共に急速に拡大する認知症に日本がどう向き合うのかに世界が注目しています。認知症はその潜在的コストの大きさから社会の根幹を揺るがしかねない課題となっており、しかも各国の対応はまだまだ手探りの状態なのです。

これらの問題に日本がいち早く答えを見つけることができれば、世界の羨望と尊敬を集めることになるでしょう。認知症に限らず今後拡大する生活習慣病や老化由来の疾患への適切な対処法を確立することは、日本が果たすべき重要な国際貢献なのです。

超高齢社会にどう対応するかは、単に社会保障制度の問題に留まりません。私は大学で国際関係論を専攻しましたが、日本にとっての「国益」とは、世界の人々から「この世の中に日本という国があってくれてありがとう」と言われることだと思っています。世界の人々にとってなくてはならない国になること、健康・医療の分野で日本がリーダーシップを発揮することは、日本にとっての「国防」でもあるのです。これこそが、二度と戦争をしないと誓ったこの国の戦い方だと思っています。

歴史に「ｉｆ」はありません。しかし同時に未来に「絶対」もありません。１０００年に一度の転換期とも言えるこの時代が、後世の人たちから「沈滞と絶望の時代」と呼ばれるか、「変革と希望の時代」と呼ばれるかは、これからの私たちの行動にかかっています。大きな時代の節目において、次の１０００年を牽引する新たな「幸せの形」を見つけることは、この時代に生きる私たちに与えられた素晴らしいテーマです。

自分の人生が終わったからといって、「社会」や「歴史」が終わるわけではありません。後世の人たちから感謝され、尊敬される時代のなかに、自分のドラマの一部でも刻むことができれば、そんな素晴らしいことはないと思いませんか？

この日本を、世界が憧れる素晴らしい国として、次の世代に引き継ぐための取り組みを今から始めましょう。私たちの未来は、私たち自身が選ぶのです。

あとがき（謝辞）

健康・医療分野の課題や提案など第一章、第二章、第四章で述べたことは、すべてこの何年かの間に全国の医療関係者や介護従事者、アカデミアや事業者の方々、沢山の患者の方々に教えていただいたことが基になっています。今も健康・医療分野のテーマで数多くの講演を行っていますが、こちらから問題意識を投げかければ、毎回必ず沢山の反応が返ってきます。厳しいご批判もいただきます。こうした批判や新たな情報を踏まえて講演内容は毎回修正していますが、表現を曖昧にせずきちんと問題意識を伝えることを常に心がけてきました。そうすることで、誤りを正し、足りなかった視点を加えていただけるのです。今回これまで発信してきた内容を体系化し書籍にまとめることで、さらに多くのご批判やご示唆をいただけるものと思っています。

実は、2017年の秋に健康・医療分野の改革をテーマに本を書かないか、というお話をいただいた時には、正直かなり迷いました。これまで数多く講演を行い、雑誌などにも寄稿してきましたが、それらはあくまで個々の政策テーマに限定した「情報発信」であり、「政策立案のプロセス」と認識していました。また、数多くの省庁に関わる政策の内容を個人の視点で描き切るのは、行政官としての「常識」に反するのではとも思いました。

しかし、これまで雑誌や学会誌などに寄稿した文章に改めて目を通してみると、政策を一歩進めるためにもこれらを体系化して発信しなければと思うようになりました。特に、がんや認知症の治療、新薬の承認手続きや薬価制度、医療のＩＴ化の課題について、曖昧な議論を繰り返しているだけでは何も解決しないというもどかしさを感じていました。

また、これまで行政官として取り組んだ数々の貴重な経験を、次の世代に伝えることも大切ではないかと思い、未来を担う若い方々に「社会のために働けることの素晴らしさ」を感じていただけるよう、第三章を加えました。

本書の上梓に当たっては、この貴重な機会を与えて下さった株式会社国書刊行会の佐藤今朝夫氏、本書の構想段階からアドバイスをいただいた株式会社ロハスメディアの川口恭氏、執筆のサポートをいただいた同堀米香奈子氏、私の話から見事にイメージを描き上げて下さったイラストレーターの田川秀樹氏に心から感謝の意を表したいと思います。

さらには、歴史的な視点で社会問題を捉えることの大切さを教えていただいた一般社団法人未来医療研究機構代表理事の長谷川敏彦氏、認知症と脳の関係について重要な視点を提供して下さった株式会社感性リサーチの黒川伊保子氏をはじめ貴重な示唆とアドバイスをいただいたすべての皆様にこの場を借りて御礼申し上げます。

最後に、「この本が出ると、風当たりが強くなって仕事ができなくなるかもしれない」と言った私に、「大丈夫ですよ。今度は私が働きますから」と笑顔で背中を押してくれた妻由里香に感謝しつつ、本書を息子誠英に託します。

２０１８年５月

江崎　禎英

著者紹介

江崎禎英（えさき・よしひで）

　岐阜県出身。1989年東京大学教養学部国際関係論卒業、通商産業省に入省し、通商問題を担当。出向した大蔵省で金融制度改革に携わる。96年英国に留学の後、ＥＵ（欧州委員会）に勤務。帰国後、ＩＴ政策を担当し、内閣官房において、個人情報保護法の立案に携わる。資源エネルギー庁エネルギー政策企画室長、岐阜県商工労働部長、経済産業省生物化学産業課長、同ヘルスケア産業課長などを経て、2017年から経産省商務・サービスグループ政策統括調整官　兼　内閣官房健康・医療戦略室次長。2018年8月から厚生労働省医政局統括調整官に併任。

社会《しゃかい》は変《か》えられる
——世界《せかい》が憧《あこが》れる日本《にっぽん》へ

2018年６月25日　初版第1刷発行
2020年11月15日　初版第5刷発行

著者　江崎禎英
発行者　佐藤今朝夫
編集協力　川口恭
発行所　株式会社国書刊行会
〒174-0056　東京都板橋区志村1-13-15
TEL 03（5970）7421　FAX 03（5970）7427
http://www.kokusho.co.jp
印刷・製本　三松堂株式会社
装幀　真志田桐子

ISBN 978-4-336-06278-9